Os Arquétipos da Umbanda

As Hierarquias Espirituais dos Orixás

Rubens Saraceni

Os Arquétipos da Umbanda

As Hierarquias Espirituais dos Orixás

© 2025, Madras Editora Ltda.

Editor:
Wagner Veneziani Costa (*in memoriam*)

Produção e Capa:
Equipe Técnica Madras

Revisão:
Arlete Genari
Daniela Piantola

CIP-BRASIL. CATALOGAÇÃO-NA-FONTE
SINDICATO NACIONAL DOS EDITORES DE LIVRO, RJ

S245a
Saraceni, Rubens, 1951-
Os arquétipos da Umbanda: as hierarquias espirituais dos Orixás/Rubens Saraceni.
– São Paulo: Madras, 2025
ISBN 978-85-370-0190-5

1. Umbanda. 2. Deuses da Umbanda. 3. Orixás. 4. Arquétipos. I. Título.

07-0240.   CDD:
299.67

CDU: 299.6.21

22.01.07   22.01.07   000299

Proibida a reprodução total ou parcial desta obra, de qualquer forma ou por qualquer meio eletrônico, mecânico, inclusive por meio de processos xerográficos, incluindo ainda o uso da internet, sem a permissão expressa da Madras Editora, na pessoa de seu editor (Lei nº 9.610, de 19.2.98).

Todos os direitos desta edição reservados pela

MADRAS EDITORA LTDA.
Rua Paulo Gonçalves, 88 – Santana
CEP: 02403-020 – São Paulo/SP
Tel.: (11) 2281-5555 – (11) 98128-7754
www.madras.com.br

ÍNDICE

Apresentação 7
Introdução 9
O que é Religião? 13
A Religião Umbanda 17
O Culto ao Divino Criador Olorum 23
Os Orixás de Umbanda 27
O que é Orixá? 33
As Hierarquias dos Orixás: Divinas, Naturais e Espirituais 35
Hierarquias Divinas 35
Hierarquias Naturais 40
Hierarquias Espirituais 45
O Triângulo da Vida 51
O Lado Espiritual da Vida 59
Mediunidade na Umbanda 63
O Médium de Umbanda 65
Os Trabalhos de Umbanda 67
Os Trabalhos na Natureza 68
Orixás na Umbanda 71
Os Guias da Umbanda 73
Os Nomes dos Guias de Umbanda 79
Os Guardiões de Umbanda Sagrada 87
Índios (Caboclos) 89
Os Pretos-Velhos 95
As Crianças na Umbanda 99
A Linha dos Baianos 103
Os Boiadeiros 107
Os Marinheiros 113

As Sereias 117
Os Exus de Umbanda 121
   Os Novos Exus de Umbanda 122
Pombagira de Umbanda 129
Exu-Mirim na Umbanda 133
   O Mistério Exu-Mirim 135
Comentário Final 139

APRESENTAÇÃO

Este livro reúne um apanhado de temas de grande interesse para quem deseja conhecer a Umbanda.

Em princípio, ele destina-se aos médiuns umbandistas que estão iniciando sua missão de médium, mas não se limita a eles e servirá a todos os que queiram entender essa maravilhosa religião mediúnica e mágica.

Mediunidade e magia são dois dos pilares sustentadores da Umbanda e sem eles ela não seria o que é: um grande pronto-socorro espiritual.

Estudar a Umbanda é mergulhar no mundo dos mistérios divinos que a fundamentam e a sustentam como religião popular, criada justamente para acolher o grande número de pessoas possuidoras de mediunidade, mas que não se adaptam ao Espiritismo ou ao Candomblé.

Ocupando uma faixa intermediária entre essas duas religiões, a Umbanda vem desempenhando de forma admirável sua missão de resgatar e fazer evoluir todos os que a ela se integrarem, sejam espíritos ou pessoas.

Todos são bem-vindos e são convidados a colaborarem na construção de uma religião espiritualizadora que não exige mais que a boa vontade e o desejo de crescer e por isso é de suma importância que sempre tenham à disposição a leitura instrutiva que facilita o entendimento da Umbanda como um todo, onde cada uma de suas partes esteja explicada detalhadamente, pois assim ninguém será desconhecedor do seu fundamento divino.

Cada capítulo deste livro é fundamental para que o iniciante não se sinta inseguro ou temeroso quanto ao que o futuro lhe reserva.

Cremos também que ele servirá de leitura de apoio às pessoas que só queiram conhecer a Umbanda e seus mistérios.

Faltam livros sobre a Umbanda no mercado literário e são poucos os que são reeditados periodicamente.

Com isso, os novos leitores umbandistas têm se deparado com inúmeras dificuldades para conseguir obras de importantes autores de Umbanda.

Acreditamos que um livro não substitui outros já desaparecidos, pois em cada um, além dos assuntos comentados, está a alma dos seus autores.

Essa "alma" do autor é que torna insubstituíveis os títulos que abordam os mesmos temas e ela transforma cada leitura em uma aula impagável, pois nela está a experiência do autor.

Que você, amigo leitor, enriqueça sua alma com os temas e o conhecimento aqui reunidos.

INTRODUÇÃO

Escrever sobre a Umbanda é importante e estudá-la é indispensável. Quantos médiuns, necessitados do aprendizado teórico, já não se depararam com a escassez de informações ou de material de estudo? É natural o desejo de aprender sempre mais sobre o que gostamos e o que praticamos.

O aprendizado prático obtemos no dia a dia, e na Umbanda, cada atendimento a consulentes traz oportunidades de aprendermos com os guias espirituais.

Com o passar do tempo, um médium ativo e dedicado consegue acumular um valioso conhecimento prático. Isso o torna apto a levar adiante sua missão caritativa, mas chega um momento em que todos procuram algo mais que a prática: buscam entender o sentido que os move e o que há por trás do que fazem no cotidiano.

Isso se chama evolução!

O ser, após obter o conhecimento prático, procura os fundamentos do que faz para, assim, conhecendo-os, solidificar um estado de espírito mais elevado.

A evolução acontece com a prática e consolida-se com o embasamento teórico que a justifique, intelectualizando-a e dando-lhe uma importância que, por si só, ela não possui.

Podemos recorrer a um exemplo para explicar essa nossa afirmação.

Ei-lo:

Uma pessoa vai a um centro em busca de auxílio porque sente que sua vida está paralisada ou está regredindo.

Um médium já com um grande aprendizado prático recomenda-lhe que faça uma oferenda ao Exu Tranca-Ruas que, assim, abrirá seus caminhos e a ajudará.

A pessoa faz a oferenda recomendada, e pouco tempo depois começa a prosperar e a sentir-se animada e confiante.

Ela acreditou e foi ajudada.

Mas, e se ela quiser saber por que esse ato mágico funcionou tão bem? Qual é a explicação a ser dada?

O médium dirá que o senhor Exu Tranca-Ruas é um ótimo Exu, que é poderoso e ajuda mesmo!

Isso é certo, e não questionamos essa maravilhosa entidade de Umbanda.

Mas, e quando a mesma pessoa retornar com outra dificuldade e o médium recomendar-lhe que faça nova oferenda a esse Exu, e ela não obtiver o resultado desejado? Provavelmente dirá que o Exu já não é mais poderoso ou falará que o médium perdeu sua força, não é mesmo?

Saibam que isso vem acontecendo a todo instante porque sempre tem alguém se decepcionando por não ter sido atendido, mesmo tendo realizado uma oferenda.

Um ato mágico de suma importância e de grandes responsabilidades fica resumido a uma troca, a um toma lá, dá cá.

O médium prático, sem uma dialética fundamentada, fica sem saber o que responder ao consulente, além de questionar o poder do Exu em questão. E, não raro, caso vários consulentes seguidos reclamem que suas oferendas não funcionam, aí como é que fica?

O médium ou o Exu, ou ambos, já não têm mais a força de antes? Já não são "bons"?

Isso é o que vem depondo contra a Umbanda e outras religiões em que a magia prática não é embasada em conhecimentos teóricos fundamentadores de cada ato mágico ou religioso.

Recomendar ao consulente que tente outra vez não resolve o fracasso anterior e não devolve a confiança que tanto o médium quanto o consulente tinham no senhor Exu Tranca-Ruas.

Muitas pessoas já se afastaram da Umbanda em virtude da colocação das oferendas como artigo de troca e, inclusive, há pessoas tão viciadas nesse "comércio" que fazem oferendas para tudo e para todos. Até para ganhar em jogos!

O que leva as pessoas a se acomodarem e acreditarem na lei do menor esforço?

O que faz alguém crer que o esforço pessoal para vencer dificuldades é substituído pela troca pura e simples?

Nós respondemos que é a falta de uma dialética que fundamente as oferendas e tudo o mais que há na Umbanda como práticas mágicas.

Onde entra o merecimento, a transformação consciencial e a remodelação dos pensamentos, das palavras e dos atos no cotidiano?

Há momentos em que a espiritualidade tem de fazer algo pelas pessoas, independentemente de qualquer coisa, tal como o médico que cuida de uma pessoa ferida a bala, mesmo que o ferimento tenha sido provocado em uma troca de tiros na qual ela tentava matar outra, ou mesmo, a havia matado.

Naquele momento, o que importa ao médico é salvar uma vida.

Mas, depois de salvo, aí entra a justiça, determinando a sentença a ser cumprida pelo assassino socorrido pelo clínico.

Os guias espirituais de Umbanda agem muitas vezes como o médico: primeiro salvam, depois entregam à Justiça Divina o futuro da pessoa auxiliada.

Competirá à Justiça Divina determinar a sentença e a forma que deverá ser cumprida.

Se o socorrido cumpri-la a contento, essa mesma Justiça Divina o amparará. Mas, se a pessoa, após ser auxiliada, não se remodelar, aí cairá nas malhas da Lei Maior e será remodelada na "dor".

Mas, e se os médiuns umbandistas fossem preparados para entenderem os mecanismos da sua mediunidade e de como ela é um instrumento da Justiça Divina e da Lei Maior para nos auxiliar na solução de nossas pendências cármicas e no nosso reajustamento íntimo?

Não será com o descaso ou com a desculpa de que os guias sabem e podem tudo e que ao médium só resta ceder sua "matéria" para eles trabalharem que tudo será respondido.

É preciso que todos os médiuns umbandistas se conscientizem de que o estudo de sua religião e de suas práticas é importantíssimo, e de que devem procurar evoluir por meio do conhecimento sadio e conscientizador.

A nós, que escrevemos para os umbandistas, compete franquear-lhes livros instrutivos e que retratem com a maior fidelidade possível a Umbanda e seus campos de atuação, tanto aqui no plano material quanto no espiritual.

Temos certeza de que este livro, por refletir em suas páginas a nossa alma, fornecerá a todos que o lerem e estudarem uma gama de fundamentos que facilitarão o desenvolvimento de uma dialética individual que auxiliará no esclarecimento de possíveis dúvidas dos que querem saber mais para melhor se conduzirem.

Tenham uma boa leitura!

Rubens Saraceni

O QUE É RELIGIÃO?

Esta é a pergunta que muitos fazem, já que há muitas e todas se apresentam como as melhores para as pessoas.

Os sacerdotes de uma apresentam-na como a melhor e a única que salvará o espírito das pessoas no pós-morte, assim como é a única que deve ser seguida porque tanto o amparará aqui como lhe trará tudo de bom para esta curta passagem terrena.

Umas chegam a estimular o acúmulo de riquezas como sinônimo de evolução e de bem-estar para com Deus.

Esse paradoxo, fé e sucesso, vem desafiando a razão e o bom senso, pois todas são unânimes em afirmar que a única coisa que levaremos para o mundo dos espíritos será nossas virtudes e nossos vícios.

Algumas chegam a estimular seus fiéis no sentido de que doem suas fortunas para elas antes de desencarnarem, para garantirem um lugar melhor no céu.

Há entre as religiões uma verdadeira luta pelos poderes político e econômico para assim, poderosas, anularem suas concorrentes.

Tolo é quem acredita que nesse campo só há ingênuos, santos ou inocentes.

O desejo de converter mais e mais fiéis tem levado os falsos apologistas das virtudes, da bondade e da misericórdia a agirem com mais "falsidade ideológica" que os mais falsos dos aproveitadores.

Religião é uma forma de poder e todas o têm exercido segundo sua capacidade de manipulação dos sentimentos e das necessidades das pessoas.

Por isso, as constantes trocas de uma por outra tem tornado o exercício da religiosidade uma busca constante e que não satisfaz a muitos, pois, após muitos anos seguindo uma, pessoas de fé, mas

assoberbadas por inúmeras dificuldades, trocam-na por outra e dizem a todos isto:
— Agora, sim, estou em uma verdadeira religião! Agora a minha vida vai mudar e vou vencer!

As mensagens para atrair novos seguidores são bem pensadas e não são poucos os que dizem que quem se converter para sua religião e frequentar sua igreja, tanto será salvo como prosperará rapidamente.

Tudo está invertido e os verdadeiros valores foram substituídos por mensagens mercadológicas, criadas para causarem impacto nas pessoas com sérias dificuldades psicológicas, financeiras ou de relacionamentos.

Há salvação para todos e solução para tudo, desde que se converta, não é mesmo?

Será que isso é de fato religião ou é só uma forma de ascendência sobre muitas pessoas fragilizadas porque não souberam como lidar com suas dificuldades?

Amigo leitor e umbandista, religião é algo sublime e tem por função sublimar nossa alma sofrida e cansada dos entreveros desfavoráveis do nosso dia a dia.

Religião é uma forma de comungarmos com Deus e extrairmos Dele energias que nos pacificam, que nos fortalecem e fazem brotar em nosso íntimo a paz, a fé, o amor, a confiança, a resignação, a misericórdia e a esperança.

Religião é um meio de nos religarmos a Deus e Nele obtermos as forças que nos faltam porque nos exaurimos nos choques da lei das ações e reações.

Religião é algo que deve exaltar em nosso íntimo o humanismo, a paciência e a compaixão.

Religião não é um mercado de trocas, e sim, é onde nos ofertamos a Deus para que Ele nos acolha e vibre Sua paz e Sua alegria divinas em nosso íntimo.

Religião é o meio de exaltarmos o Deus que vive em nosso íntimo e que, religiosamente, nos torna sensatos, respeitosos, fraternos e amorosos.

Religião não é lugar para fanáticos, revoltados, rebeldes, intolerantes e para racistas, pois o verdadeiro religioso vê todos como seus irmãos em Deus e vê tudo como criação divina.

Religião é onde aprendemos a cultivar as virtudes e a combater os vícios.

Religião é estar em paz com Deus, com seus semelhantes e consigo mesmo, e extrair dela a força necessária para conviver com as dificuldades até superá-las.

Religião é o refreador do instintivismo e da revolta íntima do ser diante do que não tem como dominar e subjugar à sua vontade.

Religião é a aceitação das coisas como elas são e é a submissão às regras sustentadoras da convivência fraterna com os contrários.

Religião é o exercício da fé pela fé, do amor pelo amor e da esperança pela esperança, sem que algo tenha que ser dado ou exigido em troca.

Religião é o meio natural que temos à nossa disposição para podermos vivenciar o que temos de melhor, e que é nosso amor ao nosso Divino Criador.

Religião é tudo isso e muito mais, pois o ser verdadeiramente religioso é um virtuoso e um humanista.

Os sinônimos da religião são virtude e humanismo.

Uma pessoa virtuosa é um humanista e é um religioso.

Um humanista é um religioso e um virtuoso.

Agora, religiosidade, virtude e humanismo não são o que apregoam os mercadores da fé de plantão, que exigem obediência, submissão e servidão aos seus interesses pessoais ou desejos de poder.

Reflita, amigo leitor!

A Religião Umbanda

Nenhuma religião surge por acaso! Uma religião, de fato, só surge quando há a necessidade real de sua existência, porque muitas pessoas que não se afinizaram com as já existentes ficam sem um meio para vivenciarem seus sentimentos de fé em Deus e de religiosidade.

Umas conseguem estabelecer-se e prosperar enquanto outras começam bem, mas logo estacionam e passam a definhar lentamente. Já outras não deslancham e logo desaparecem.

O sucesso depende da forma como a religião é apresentada aos seus possíveis futuros seguidores e do esforço e do trabalho contínuos de seus divulgadores.

A forma de ser apresentada tem de ser clara e objetiva para que pessoas necessitadas possam socorrer-se nos poderes divinos e sentir-se amparadas e confortadas intimamente, fortalecendo-se e desenvolvendo sua espiritualidade e sua religiosidade de forma estável e permanente.

As pessoas precisam ter a compreensão e o entendimento dos poderes divinos colocados à sua disposição pela religião que adotar como a ideal para vivenciar sua religiosidade, pois com esses referenciais sustentadores de sua fé ela se sentirá segura e amparada, tanto aqui na Terra quanto no plano espiritual, após seu desencarne.

Cada religião estabelecida tem sua forma de apresentar-se e não podemos duvidar da sinceridade dos seus proselitistas porque, de fato, por trás de todas realmente está Deus e suas Divindades.

Com a Umbanda não é diferente e sua forma de apresentação, sintetizando-a, é esta:

Olorum (Deus) é o Divino Criador e Poder Supremo, que tudo criou, cria e criará, e rege tudo e todos o tempo todo.

Os sagrados Orixás são divindades-mistérios, são emanações divinas de Olorum e foram manifestados e exteriorizados por Ele com poderes para dar sustentação a tudo e a todos o tempo todo e por todo o sempre.

Cada Orixá é em si um poder e um mistério que se autorrealiza na criação e na vida dos seres.

Por se autorrealizar entendam que se um é associado a um elemento, ele é em si esse elemento; se é associado a um sentido, ele é esse sentido; se é associado a uma função, ele é essa função.

Cada Orixá é tão pleno que é em si um meio e um caminho evolutivo, amparador e sustentador da vida dos seres.

Um Orixá manifesta-se na criação como poder de Deus — Olorum — e tem em si, enquanto poder manifestado, todos os recursos necessários para suprir todas as necessidades dos seus filhos, desde as mais terrenas ou materialistas até as mais elevadas ou espiritualizadoras.

Um Orixá é em si um caminho evolutivo e um sustentador da fé em Olorum e um amparador da religiosidade dos seres, que nele se sustentam e a ele recorrem sempre que se sentem oprimidos pelos acontecimentos e assoberbados pelas dificuldades do dia a dia.

Cada Orixá tem seu campo de atuação na criação e é em si esse campo. Como exemplo, citamos alguns como afirmação dessa verdade:

a) Oxalá é o Orixá sustentador da fé e da religiosidade dos seres. Ele é a própria fé e desperta nos seres os mais nobres e elevados sentimentos religiosos.

Oxalá é a paz, a harmonia, a fé, a esperança, a resignação, a confiança, a submissão, o perdão, o amparo religioso do Divino Criador Olorum, etc.

b) Oxum é o amor, a concepção, a união, a gestação, o carinho, a infância, a bondade, a compaixão, o renascer, as novas oportunidades, a beleza, a riqueza e a prosperidade, etc.

Só algumas das qualidades divinas desses Orixás já bastam para terem uma ideia da grandeza dos sagrados Orixás.

A Religião Umbanda

Na presença de Oxalá sentimo-nos em paz e em harmonia, e a esperança brota naturalmente em nosso íntimo.

Na presença de Oxum sentimo-nos amorosos e compassivos, alterando nosso íntimo e fazendo com que gostemos de todos de uma forma nobre, altruística e alegre.

Na presença de Oxalá brota em nosso íntimo a confiança e o perdão, pois começamos a nos sentir fortes e aceitamos perdoar quem havia nos enfraquecido.

Na presença de Oxum começamos a gostar de todos à nossa volta e acreditamos na vida, criando ânimo e coragem, para abrirmos nosso coração a quem amamos e gostamos.

Oxalá nos torna fraternos e confiantes e Oxum nos torna amorosos e compassivos.

Os sentimentos que esses Orixás despertam em nosso íntimo quando estamos em suas presenças já são suficientes para justificarem suas divindades.

Se fazem isso conosco e por nós quando em suas presenças, é porque são divindades-mistérios e são em si essas qualidades divinas.

Entendendo isso, não há como alguém negar a presença deles em nosso íntimo quando estamos vibrando os mais elevados sentimentos que são a fraternidade, a compaixão, o amor e o perdão.

Por serem divindades-mistérios, são onipresentes e estão no íntimo de todos os que vibrarem esses nobres sentimentos.

Como esses sentimentos são virtudes, em Oxalá e Oxum vibramos um virtuosismo que nos eleva e nos ilumina, fazendo resplandecer suas luzes divinas em nosso espírito.

Não são luzes que nos iluminam de fora para dentro, e sim, luzes que brotam no nosso íntimo e são irradiadas por meio do nosso espírito.

Na presença de Oxalá e de Oxum as mazelas do dia a dia desaparecem ou tornam-se insignificantes porque adquirimos ou readquirimos força e confiança, voltamos a amar e a desejar crescer tanto espiritual quanto materialmente. Relevamos as ofensas e os reveses doloridos e queremos tentar novamente, já mais confiantes e esperançosos.

Somente essas alterações benéficas que eles, pela simples presença em nosso íntimo e em nossa vida, provocam em nós já são suficientes para que os amemos, que os adoremos e os louvemos em nossas orações, com nossa fé e nossos sentimentos de religiosidade.

Tornar-se religioso é religar-se com Deus. E os Orixás são os elos da cadeia divina que nos une fortemente ao nosso Divino Criador Olorum.

A maldade e o sofrimento não são anulados com ações insanas e insensíveis, ou seja, com mais maldade e mais sofrimento, e sim, com a bondade, o amor e a compaixão.

Aqui, não discorremos mais sobre Oxalá e Oxum porque isto faremos no livro reservado a eles. Mas vocês já têm uma noção do quanto estavam distantes ou enganados sobre esses Orixás, caso ainda acreditassem que só estariam em suas presenças e só teriam o auxílio deles se fossem oferendá-los na natureza.

Todos os Orixás são oniscientes, oniquerentes e onipotentes porque são divindades-mistérios e são, em si, manifestações do nosso Divino Criador Olorum.

Portanto, a forma de apresentá-los é importante e não será ensinando que basta oferendá-los para que nos ajudem, pois estaremos estimulando o toma lá, dá cá e deixaremos de torná-los presentes no íntimo dos seus adoradores, os quais acreditarão que só oferendando-os eles nos ajudarão com nossas dificuldades.

E isso não é verdade!

Orixás são poderes manifestados por Olorum e são mistérios da criação divina, colocados para todos que queiram cultuá-los, adorá-los e neles se fortalecerem religiosa e espiritualmente a partir dos sentimentos de fé.

Nós acreditamos que a forma de apresentação dos sagrados Orixás, em que só seremos auxiliados por eles por meio de oferendas na natureza, se é útil em casos específicos, no entanto não é a única.

Essa forma é incompleta por limitá-los a um ato mágico realizado na natureza e que só deve ser feito para casos específicos e que envolvem profundos desequilíbrios do ser com o todo à sua volta, assim como só podem ser feitos por quem tem condições materiais e de locomoção para ir até a natureza, às vezes distante, e ali ser ajudado por eles.

E os enfermos hospitalizados?
E os anciões?
E as crianças?
E os inválidos?
Terão que pagar para alguém ir por eles até a natureza?

Até quando o lado mercantilista irá bloquear o lado religioso do culto aos sagrados Orixás?

Quantos estão ensinando-os como poderes oniscientes, onipotentes e oniquerentes, que estão em todos os lugares o tempo todo e à disposição de todos que queiram orar a eles e clamar pelo amparo e pelo auxílio divinos?

Até quando o culto aos sagrados Orixás ficará limitado ao lado magístico deles?

Até quando só os que podem oferendá-los serão beneficiados por eles, que são muito mais do que magia, são religião, religiosidade e objetos de culto íntimo, familiar e permanentes no íntimo dos seres?

Sobre as oferendas, discorreremos no livro sobre elas, que também são uma forma de apresentação ritualística da Umbanda.

Mas a Umbanda e os sagrados Orixás não podem ser apresentados aos seus adoradores somente como forças da natureza e que devem ser oferendados nela para poderem nos ajudar.

Nenhuma divindade que só ajude caso seja oferendada sobrevive como tal no íntimo dos seus adoradores.

Muito ainda terá que ser escrito, ensinado e divulgado sobre os sagrados Orixás para que seus adoradores aprendam como usufruir dos seus poderes de realização em nosso benefício, que são permanentes e estão à nossa disposição o tempo todo.

Domingo pode ser o dia consagrado a Oxalá, mas ele está presente em nosso íntimo e em nossa vida o tempo todo, basta ajoelharmos, orarmos e clamar pelo seu auxílio que ele começa a nos ajudar no mesmo instante, não importando onde nos encontremos e em que condições.

Sua onipresença facilita-nos isso!

Sua onipotência torna-o realizador em nossa vida.

Sua oniquerência permite-lhe nos auxiliar, segundo nosso merecimento e nossas necessidades.

Isto é verdadeiro e deve ser ensinado a todos, não se limitando aos umbandistas.

Mas, o que vemos em quase todos os livros é que devemos oferendar Oxalá, caso queiramos que ele nos auxilie, não é mesmo?

Até quando somente o lado mágico do culto aos Orixás será ensinado aos seus adoradores e a quem queira conhecê-los ou deles se servirem, como se eles fossem nossos empregados, obrigados a nos ajudarem se os "pagarmos"?

Até quando a verdadeira religião dos Orixás será bloqueada e sufocada pela magia dos Orixás?

Oferenda é ato mágico legítimo e pode ser feita por quem queira ou possa fazê-la.

Já religião, ela está colocada para todos e é um recurso divino amplo, geral, ilimitado e irrestrito ao qual podemos recorrer e nela nos sustentar a partir dos nossos sentimentos de fé.

A forma de apresentação de uma religião é importantíssima e tem que ser pensada e muito bem fundamentada, senão ela fica vulnerável, é vista como limitada a umas poucas coisas e torna-se passível de ataques dos seguidores, dos prosélitos e dos divulgadores das outras, suas adversárias no concorrido "mercado" religioso.

Umbandistas, vamos juntos pensar e repensar a forma de apresentação da Umbanda, para que ela possa ser vista como uma religião, no sentido amplo dessa palavra?

O Culto ao Divino Criador Olorum

Olorum é o nosso Divino Criador, a Ele devemos nossa vida, assim como criou tudo que nos cerca.

Ele é o Divino Criador, que tanto criou tudo como se mostra aos nossos olhos na grandeza infinita da Sua criação.

O Universo é infinito e está coalhado de constelações, e são tantas que até o número delas é indefinido e a cada dia novas estão sendo descobertas pelos astrônomos.

Mas, mesmo estando sendo descobertas agora, já existem há bilhões de anos e estão tão distantes que nunca algum ser encarnado conseguirá chegar até elas, restando-nos contemplá-las e nelas ver a grandeza divina do nosso Pai e nosso Criador Olorum.

Se assim é, foi e será, então que a harmonia do movimento expansor do Cosmos nos sirva como lição sobre a infinitude do nosso Criador, que tanto está presente no macro (Cosmos) quanto no microcosmo como Vida, com letra maiúscula!

Que a sua grandeza e infinitude sirvam para reflexão e não deixem dúvidas sobre seu poder criador e harmonizador, que faz pairar no céu bilhões de estrelas em seus movimentos contínuos assim como faz com que bilhões de células convivam harmoniosamente em nosso corpo biológico e trabalhem com uma mesma finalidade: mantermo-nos vivos e saudáveis.

O culto ao nosso Divino Criador Olorum tem que ser algo sublime, pois é o culto à vida.

Nosso pai Olorum tem de receber de todos nós a devida adoração e deve ocupar em nosso íntimo um lugar muito especial porque ele é a fonte da vida e seu sustentador divino, capaz de amparar todos ao mesmo tempo e ter em si tudo que nos torna plenos na fé, no amor e na vida.

Longe está o tempo em que evoluíamos pelo instinto de sobrevivência e subsistíamos no temor aos fenômenos climáticos ou no medo ao desconhecido e, na nossa ignorância, cometíamos atos contrários à vida.

Hoje, evoluídos, quintessenciamos nossos conceitos e já não há lugar para o temor e o medo, que foram substituídos pelo respeito e a reverência.

Adorá-lo já não é um ato instintivo de sobrevivência, e sim, é um ato de gratidão e de amor pelo nosso Pai Eterno e nosso Divino Criador.

Comportarmo-nos em acordo com suas leis eternas e imutáveis é uma atitude provinda da sabedoria e não do medo de que um raio seja enviado como manifestação de sua ira contra os nossos erros, nossas falhas e nossos pecados.

Hoje, conhecendo suas leis imutáveis, sabemos que existe a lei das ações e das reações, e que toda ação positiva causa uma reação também positiva que nos fortalece, assim como sabemos que toda ação negativa causa outra, também negativa, que nos enfraquece.

Nós O amamos por amor e não por temor.

Nós O respeitamos pela sua divindade e sua onipresença em nossa vida e em tudo que nos cerca.

Nós O adoramos porque sabemos que na sua adoração nos fortalecemos e Dele recebemos tudo o que precisamos.

Nós O reverenciamos porque O amamos, porque respeitamos e o adoramos com nossos mais nobres e mais elevados sentimentos de fé e de gratidão.

Já não O tememos como alguém muito poderoso mas que está distante e tem que ser agradado, senão se volta contra nós, e sim, nós O adoramos porque sabemos que temos nele o nosso Divino Criador e nosso Pai Eterno, sempre atento às nossas dificuldades, suprindo-nos com o necessário e sempre atento às nossas falhas, nossos erros e pecados, suprimindo-os de nossa vida a partir do nosso arrependimento, reconscientização e ações reparadoras deles.

Encontramos no nosso Divino Criador Olorum tudo o que precisamos e o que nos torna plenos em nossa fé e em nossa religiosidade, inclusive o perdão e a oportunidade de reparação.

O arrependimento sincero nos proporciona os meios para nosso reerguimento íntimo e nos traz o conforto que ajuda na reconstrução de um novo caminho evolutivo sustentador da nossa vida.

Olorum é o supremo doador da vida e se realiza em nossa vida por meio de suas leis imutáveis e eternas.

Até a imortalidade do nosso espírito está fundamentada na sua lei de conservação de tudo o que criou, cria e criará.

Cada um que Ele criou foi dotado da imortalidade espiritual.

Basta conhecermos suas leis para vivermos em paz, harmonia e equilíbrio.

O culto ao Divino Criador é íntimo, é pessoal, do filho para com seu pai eterno e seu Divino Criador Olorum.

Ele vive em nós como a centelha da vida e vibra em nosso íntimo como fé, amor e confiança, dedicação, perseverança e esperança.

Devemos louvá-Lo, adorá-Lo e glorificá-Lo como o Supremo Criador, tão grande como o Universo infinito e tão perto como o bater do nosso coração. Tão desconhecido como as insondáveis longínquas constelações e tão presente como o próprio ato de respirarmos.

Ele é o nosso Supremo Criador, o nosso amado Pai Olorum, sempre zelando pelo nosso conforto íntimo e nossa satisfação com tudo o que nos cerca, sempre suprindo nossas necessidades e afastando de nós as nossas dificuldades.

Ao nos ajoelharmos para orar a Ele, devemos fazê-lo como um ato de fé e não de temor. Como um ato de amor e de comunhão com o doador da vida.

Todos devemos tê-Lo como a vida em nossa vida, como o amor em nosso amor e como a fé em nossa religiosidade.

Ele é a força que nos sustenta e nos impulsiona em nossa evolução contínua e eterna, tal como faz pela estrela distante localizada na mais longínqua das constelações.

Devemos conhecer, louvar e adorar os sagrados Orixás, mas não devemos nos esquecer de que eles são manifestações Suas e são Seus manifestadores em nossa vida por meio do próprio ato de louvação e adoração a eles.

Ainda não temos como conhecer a essência do nosso Divino Criador, mas podemos percebê-la em nosso íntimo, onde Ele se manifesta.

Olorum é o Deus Supremo e por isso a Umbanda é uma religião monoteísta, enganando-se quem veja no culto aos sagrados Orixás o politeísmo.

Assim, como Iavé tem suas cortes de Anjos, Arcanjos, etc., Olorum tem suas divindades-mistérios para auxiliá-lo no amparo e na manutenção de sua infinita criação.

Em yorubá seu nome é Olodumaré, o senhor da criação e do destino dos seres.

OS ORIXÁS DE UMBANDA

Os Orixás estão muito bem identificados e descritos na Teogonia e na Cosmogonia Yorubana ou Nagô (atual Nigéria), que tanto foi preservada quando popularizada no Brasil, principalmente na Bahia, o berço dos Orixás no Brasil.

A Umbanda deve muito aos que preservaram todo esse conhecimento, que impossibilitados de cultuar seus Orixás livremente, criaram o sincretismo, por analogia de funções, com os santos católicos.

No seu início, a Umbanda serviu-se do sincretismo já existente e do conhecimento aqui preservado para fundamentar as manifestações dos espíritos ligados às hierarquias dos Orixás.

Mas ela também se serviu do legado de outros povos africanos, e muitos dos nomes das divindades cultuadas no início eram bantos ou em outras línguas.

Muito dessas heranças ainda está preservado nas linhas de trabalhos espirituais cujos nomes simbólicos indicam a nação de origem delas, tais como: Pai João de Mina, Pai João de Angola, Pai João do Congo, Pai José da Guiné, Pai José do Keto, Pai Cipriano de Moçambique, etc.

São linhas de trabalhos espirituais cujos guias chefes nasceram na África e adotaram no seu nome a nação a que pertenceram quando viveram na Terra.

A influência dos povos de língua banto está presente até hoje onde pontos cantados designam Deus pelo nome de "Zambi", um diminutivo de ZâmbiaPongo, tal como Olorum designa Oloduramé.

No seu início a Umbanda era bem "cristã" pela própria formação religiosa do seu fundador encarnado (Pai Zélio de Moraes), mas pouco a pouco ela foi se africanizando e as tendas que iam sendo fundadas adotavam nomes de entidades africanas, predominando a nomenclatura yorubana tais como: Ogum, Xangô, Oxalá, Oxum, Yemanjá, Oxóssi, Yansã, etc.

O Candomblé de origem nigeriana tem sua nomenclatura tradicional já estabelecida há séculos (ou milênios), mas a Umbanda, fundamentada no simbolismo, recorreu a nomes simbólicos para designar os mesmos Orixás que começavam a ser cultuados e se tornaram populares muito rapidamente.

No Candomblé nigeriano, os muitos "sobrenomes" de um mesmo Orixá designam suas qualidades ou seus campos de atuação.

Na Umbanda, os sobrenomes simbólicos também indicam suas qualidades, seus atributos, suas atribuições e seus campos de atuação.

Hoje, um século após o início da Umbanda, temos praticamente todos os nomes tradicionais em yorubá já aportuguesados por meio dos simbolismos.

• Ogum Sete Espadas
• Ogum Rompe-matas
• Ogum Beira-mar, etc.
• Xangô das Cachoeiras
• Xangô das Pedreiras
• Xangô Sete Montanhas, etc.
• Yansã do Cemitério
• Yansã do Tempo
• Yansã das Cachoeiras, etc.

E assim sucessivamente com todos os nomes designadores das qualidades dos Orixás.

Os poderes cultuados e invocados nos cantos litúrgicos são os mesmos, mas os seus nomes foram aportuguesados por meio do simbolismo, assim como as formas de incorporação foram adaptadas à Umbanda e as "danças rituais" receberam um estilo umbandista.

Ogum incorpora no Candomblé e tem seu toque, seus cantos, seus passos e sua dança que o diferencia dos outros Orixás.

O mesmo acontece na Umbanda!

Todos os Orixás, na Umbanda, quando se manifestam, o fazem com passos e movimentos específicos e característicos para os umbandistas. E são diferentes de suas manifestações no Candomblé Nagô.

Isso diferencia uma religião da outra ainda que ambas estejam fundamentadas no culto aos Orixás.

Aqui, o tempo todo nos referimos ao Candomblé de origem nigeriana.

A Umbanda padronizou a sua indumentária na roupa branca: camisa, calça e sapatos brancos para os homens. Blusa, saia e sapatos brancos para as mulheres.

Isso no início, porque, posteriormente, camisas, blusas e jalecos coloridos também foram adotados, principalmente nas festas religiosas em homenagem aos Orixás.

Mas jamais foram adotados modelos de indumentárias africanas, tal como é tradicional nos cultos de nações que formam o Candomblé.

Todas as religiões recorrem à sua indumentária específica, senão, deixa de ter um identificador que a distinga entre tantas.

É um recurso legítimo e necessário.

O rabino usa seu terno e seu chapéu preto (ou o kipá).

O padre usa sua batina (branca, marrom, preta, etc.).

O candomblecista usa sua veste africana.

O umbandista usa sua veste branca (calça, camisa e sapatos brancos, ou ternos brancos).

Qual é a dificuldade em entender diferentes identificadores, se é por meio deles que os religiosos são reconhecidos?

Se não fosse isso, seria o caos e ninguém saberia com quem estaria falando, certo?

O mesmo se aplica aos Orixás!

No Candomblé Nagô, os seus seguidores oferendam Odé. Na Umbanda oferendamos Oxóssi.

No Candomblé Nagô, os Orixás são assentados e oferendados de uma forma. Na Umbanda também são assentados e oferendados, mas de modo diferente.

Ambas são válidas e servem muito bem ao que se destinam.

Uma forma é antiga e tradicional do Candomblé de origem nigeriana. A outra forma é nova e ainda em discussão, de origem brasileira umbandista.

No Candomblé tradicional, tudo já foi desenvolvido na Nigéria e aqui foi adaptado preservando o máximo de fidelidade que foi possível.

Na Umbanda, tudo ainda está em adaptação e mudanças ou diferenças podem ocorrer, de acordo com a corrente interna à qual a tenda ou centro está filiado.

Uma corrente adota um número de Orixás, outras adotam outros.

Uma corrente adota um diferenciador só seu, outras adotam os seus.

Uma determina suas formas de assentamentos e de oferendas, outras adotam as suas.

Uma adota uma forma de batismo, iniciação, coroação de médium, casamento, funeral, etc., e as demais adotam outras.

O que prevalece em todas as correntes formadoras e que as tornam válidas e equivalentes é todos serem umbandistas e quererem o melhor para seus seguidores, pois, no final, em religião é assim mesmo.

No Catolicismo não existem correntes formadoras?

É claro que existem! Aí estão os franciscanos, os beneditinos, os jesuítas, os carmelitas, etc.

Entre eles também há os pontos em comum e os diferenciadores. Até na indumentária!

Esses diferenciadores não constituem problemas para uma religião, desde que os seus fundamentos sejam preservados e usados com seriedade e bom senso.

Ogum Megê empresta seu nome para tendas? Ótimo! Ele é um dos fundamentos da Umbanda, pois entre muitos ele é mais um.

Yansã das Pedreiras empresta seu nome para tendas? Ótimo! Ela é um dos fundamentos da Umbanda, pois entre muitos ela é mais um.

A cor vermelha de Ogum ou a verde de Oxóssi ou a azul de Yemanjá distingue seu filho e seu médium. Ótimo! Entre os fundamentos da Umbanda estão as cores, associadas aos Orixás. E essas são algumas cores entre outras!

Ogum tem no rubi ou na granada as suas pedras, e Oxum tem na ametista ou no quartzo rosa as dela? Ótimo! Todos os Orixás têm suas pedras, pois as rochas são um dos fundamentos da Umbanda e cada Orixá tem seu Otá específico.

Ogum tem na folha da espada-de-são-jorge ou nas do eucalipto algumas de suas folhas, e outros Orixás têm as suas? Ótimo! As ervas são um dos fundamentos da Umbanda.

Ogum tem sua espada, seu escudo e sua lança, enquanto Xangô tem seu machado e Oxóssi tem seu arco e flecha? Ótimo! As armas simbólicas também são um dos fundamentos da Umbanda.

São tantos os fundamentos da Umbanda que precisaremos escrever um livro só para eles, para que os umbandistas aprendam sobre seus poderes e origens divinas, ainda que já tenhamos escrito muito sobre eles.

Cantos, palmas, danças, rezas, orações, cores, pontos riscados, assentamentos, firmezas, amacis, batismo, iniciação, coroação, despachos, etc. são fundamentos da Umbanda.

Vocês até podem argumentar que tudo isso existe em outras religiões.

Ótimo! Isso só ajuda a comprovar que a Umbanda é uma religião de fato e que os Orixás são de fato e de direito as divindades umbandistas e dos umbandistas, pois todos os fundamentos aqui citados e muitos outros não mencionados encontram neles seus sustentadores divinos que lhes dão poderes de realização, tornando-os sagrados para a Umbanda.

Os Orixás fundamentam a Umbanda, e tudo o que é associado a eles ou vier a ser está e estará fundamentando nossa religião.

Orixá, antes de ser um ente divino, é um poder manifestado por Olorum, o nosso Divino Criador. E, como são em si poderes de Olorum, podem e devem ser cultuados religiosamente, assim como podem ser oferendados e ativados magisticamente em nosso benefício.

Recorram aos seus poderes e mistérios quem quiser e souber como fazê-lo.

O QUE É ORIXÁ?

Orixá é um poder divino em si mesmo e realiza-se na vida dos seus cultuadores como uma energia viva e divina capaz de realizar ações abrangentes, modificadoras da vida do ser.

Orixá é o poder de Deus manifestado de forma "personificada", em que um ente de natureza divina irradia continuamente esse poder que concentra em si e doa graciosamente a todos que, movidos pela fé, a ele recorrer religiosamente por meio de cantos e orações.

Já quem recorrer magisticamente a eles, aí é preciso outros procedimentos para ativação do seu poder realizador.

Muitos são os poderes de Deus e muitos são os Orixás cultuados na Umbanda.

Diferente do Candomblé Nagô, onde o sobrenome é designador da qualidade do Orixá, na Umbanda cada sobrenome simbólico indica uma entidade em si com sua hierarquia espiritual a manifestá-lo e trabalhar incorporado durante as giras ou sessões de incorporação.

Ogum é o Orixá maior. Já Ogum Megê é o "Ogum dos Cemitérios".

Ogum para todos, Ogum Megê para os trabalhos espirituais no terreiro ou no cemitério.

Para um sacerdote dos Orixás na Nigéria, provavelmente é uma heresia oferendar Ogum em um cemitério. Mas nós só oferendamos Ogum Megê no cemitério, pois, para nós, ele é o ordenador ético e moral dos procedimentos nos domínios de Obaluaiyê e Omolu, os donos do "Campo-Santo".

Logo, se é nesse campo que essa entidade da Umbanda atua, é nele que deve ser firmado, oferendado e invocado magisticamente.

Esses procedimentos não fomos nós, os encarnados, que determinamos. Quem os ensinou e ordenou que assim procedêssemos foi a espiritualidade que, ao se manifestar em seus médiuns, indicava como deviam proceder.

Pouco a pouco, todo um novo conhecimento e uma nova forma de cultuar e ativar os poderes dos Orixás nos foram sendo transmitidos até que chegamos a um ponto em que precisamos limitar um pouco as muitas possibilidades colocadas à nossa disposição pelos guias espirituais.

Isto é Orixá na Umbanda: uma força e um poder colocados à nossa disposição de uma forma diferente da já tradicional na Nigéria.

Como a Umbanda nasceu no Brasil e foi pensada no plano espiritual por mentes evoluidíssimas, um novo modo e uma nova forma foram tomando corpo e resultaram em uma nova religião.

Tal como o Cristianismo fez com o Velho Testamento: reescreveu-o no Novo Testamento e esta aí, há dois mil anos acolhendo e sustentando religiosamente os seus seguidores.

Orixá é poder divino e pode ser adaptado a vários modos e formas de culto e de magia.

Orixá gera religiões e magias porque é poder fundamentado em Olorum, o nosso Divino Criador.

Não tenham dúvidas, se for preciso, eles criam novas formas de culto e novos modos de ativá-los religiosa e magisticamente.

Quando e onde for necessário, lá surgirão uma forma e um modo específicos onde os seus fundamentos divinos, os naturais, os espirituais e os magísticos estarão preservados e intactos porque são divinos, são sagrados e são partes deles.

Na verdade, os seus fundamentos são imutáveis porque são suas essências e suas qualidades religiosas e magísticas.

Concluindo, Orixá é poder divino colocado à nossa disposição e alcance para recorrermos quando criam-nos ou criamo-nos dificuldades que paralisam nossa evolução espiritual ou material. Ou ambas!

AS HIERARQUIAS DOS ORIXÁS: DIVINAS, NATURAIS E ESPIRITUAIS

Hierarquias Divinas

As hierarquias divinas iniciam-se com os Orixás regentes do primeiro plano da vida.

Esses Orixás assentados no primeiro plano da vida são denominados Orixás fatorais e estão na base divina sustentadora do mundo manifestado. É com eles que a criação começa a tomar forma e é nesse plano fatoral que se iniciam as hierarquias divinas.

Ali estão as bases sustentadoras de um "lado" da criação pouco conhecido dos espíritos encarnados; é nesse lado oculto que vivem os seres de natureza divina que, a partir dele, monitoram todas as dimensões, as realidades, todos os reinos, os domínios, as faixas vibratórias e as esferas.

Um ser de natureza divina não vive no mesmo plano dos espíritos ou dos seres da natureza, e sim, vive no lado divino da criação, de onde nos ampara o tempo todo, assim como nos vê durante todo o tempo.

O tempo todo nossos pensamentos, nossas palavras e nossos atos estão sendo vistos, ouvidos e anotados em suas telas refletoras mentais, projetadas para as realidades sob suas guardas, amparo, orientação e sustentação.

Não importa se um espírito está vivendo em uma faixa da luz e outro está vivendo em uma das trevas, porque ambos estão sendo vistos o tempo todo pelas divindades mantenedoras da dimensão espiritual em que vivemos.

Nada fica oculto dos seres divinos que nos amparam.

Pois bem, há espíritos humanos e há espíritos naturais. Por espíritos humanos, entendam todos os que já encarnaram. Por espíritos naturais, entendam todos os que não encarnaram. Os espíritos humanos já foram naturais e, após a encarnação, seguem uma evolução própria.

Os espíritos naturais seguem outra via evolucionista diferente da nossa; nela tudo é mais lento, ainda que seus resultados sejam mais abrangentes.

Podemos comparar essas duas vias evolutivas com os cursos do Ensino Fundamental e do Ensino Médio com o de "madureza" onde, no primeiro, o aluno ꞉ uda sete anos para se formar, enquanto no segundo ele reduz esse te ᴐo há uns dois a três anos no máximo.

São duas vias evolutivas e geram dois entendimentos e dois tipos de consciência.

Para mais esclarecimentos, recomendamos a leitura e o estudo do livro *A Evolução dos Espíritos*, de nossa autoria, publicado pela Madras Editora.

A partir dessas duas vias evolucionistas, os Orixás, que amparam ambas, criaram duas hierarquias distintas, além da formada por seres divinos.

Falemos da última:

1º) As hierarquias divinas são muitas e cada Orixá tem as suas, todas assentadas no lado divino da criação.

2º) Todos os seres são gerados por Deus, sejam eles divinos, naturais ou espirituais.

3º) Mas o Divino Criador os gera em padrões vibratórios específicos e cada um deles gera uma personalidade e uma natureza íntima específicas e só dos gerados no mesmo padrão.

4º) Esses padrões vibratórios geradores formam como que "raças", pois os seres de um mesmo padrão assemelham-se tanto que às vezes parecem ser iguais, tanto na aparência quanto no comportamento.

5º) Esses padrões vibratórios são associados, corretamente, aos Orixás e é a partir deles que são formadas as hierarquias divinas dos sagrados Orixás, sendo que cada um deles possui a sua, que está distribuída por toda a criação zelando pelos meios mediante os quais os seres espirituais vivem e evoluem.

6º) Todos os seres de natureza divina, por serem praticamente idênticos e se comportarem de um mesmo modo, se vermos um de uma mesma hierarquia, teremos visto todos.

7º) Para um maior entendimento dos seres de natureza divina, recomendamos a leitura e o estudo do livro de nossa autoria publicado pela Madras Editora com o título de *Lendas da Criação*, pois sempre há um distinguidor "genético" entre eles.

8º) Os seres divinos "Oguns" são idênticos em tudo, se isolados e identificados pelo padrão vibratório "materno". Se foram gerados no padrão vibratório, Ogum-Oxum, todos são tão idênticos que uns parecem clones dos outros.

9º) Como padrão vibratório, Ogum possui subpadrões e o mesmo acontece com o padrão Oxum. Então as nuanças existem e podemos identificá-las se formos bons observadores.

10º) Há um padrão universal Ogum-Oxum e há os subpadrões Ogum-Oxum.

11º) O padrão universal distingue os seres divinos "Ogum-Oxum", já os subpadrões os classificam.

12º) Por isso existem seres divinos Ogum-Oxum distribuídos pelos sete planos, nas sete vibrações e em todo o Universo.

13º) O padrão vibratório universal Ogum gera em cada um dos subpadrões Oxum um "tipo" de Ogum, tais como:

• Ogum das Cachoeiras
• Ogum do Ferro
• Ogum dos Rios
• Ogum das Pedras, etc.

14º) Se todos os seres Oguns têm um padrão único masculino, no entanto têm nos subpadrões do padrão vibratório universal Oxum os seus diferenciadores.

15º) O mesmo acontece com os seres de natureza divina Oxum, que têm um único padrão feminino, mas têm a diferenciar umas das outras os sete subpadrões vibratórios Ogum.

16º) Os Oguns gerados na vibração divina, Ogum-Oxum, têm nos subpadrões Oxum seus diferenciadores e vice-versa para as Oxum.

17º) Essa regra se aplica a todos os padrões vibratórios geradores de seres divinos. No Setenário Sagrado, um padrão masculino gera em sete padrões vibratórios femininos diferentes, criando diferenciadores marcantes e facilmente visualizáveis.

18º) E o mesmo, no Setenário, acontece com cada padrão vibratório feminino, que gera seres divinos nos sete padrões vibratórios masculinos.

19º) Como para cada padrão universal, no Setenário há sete subpadrões vibratórios geracionistas, então temos isto:

• Padrão Vibratório Geracionista Ogum-Oxum
• Padrão Vibratório Geracionista Ogum-Yansã
• Padrão Vibratório Geracionista Ogum-Yemanjá
• Padrão Vibratório Geracionista Ogum-Obá
• Padrão Vibratório Geracionista Ogum-Nanã
• Padrão Vibratório Geracionista Ogum-Egunitá
• Padrão Vibratório Geracionista Ogum-Logunan

Temos sete padrões universais que geram em 49 subpadrões femininos, fazendo surgir o mesmo número de hierarquias de seres de natureza divina Ogum.

Isso no Setenário, pois se recorrermos a outros sistemas identificadores, teremos mais ou menos hierarquias de seres de natureza divina Ogum.

Ou vocês acham que só há sete divindades-mistérios femininas?

A Umbanda, por estar fundamentada no Setenário Sagrado, limita-se a sete divindades-mistérios masculinos e a sete femininas porque o nosso planeta recebeu a contribuição predominante dessas 14 divindades-mistérios na sua formação energética, geológica e estruturação vertical. Mas também recebeu a contribuição de outras divindades-mistérios que auxiliaram na estruturação horizontal e oblíqua. Essas estruturações verticais, horizontais e oblíquas não fazem parte dos nossos comentários teológicos, mas, para que saibam o que são, sintetizamos dizendo-lhes que são linhas de forças e correntes eletromagnéticas que formaram e dão sustentação estrutural, energética e magnética a tudo o que aqui existe.

Por isso, não estamos ligados por eixos eletromagnéticos só a esses 14 Orixás-mistérios. Há outros não estudados na Umbanda, mas bem conhecidos na Teogonia Nagô, muito mais abrangente que a Umbandista.

20º) Em cada um desses 49 subpadrões geracionista são gerados seres de natureza divina denominados Oguns. E cada um desses padrões gera uma hierarquia de Oguns.

21º) Na Umbanda, há sete irradiações de Ogum, uma para cada Orixá feminino cultuado, e cada uma dessas sete se abre em outras sete, uma para cada subpadrão vibratório geracionista de cada uma das mães divinas, que são divindades-mistérios do nosso Divino Criador Olorum.

22º) Isso para os seres de natureza divina que formam o que denominamos hierarquias divinas sustentadoras dos meios da vida e amparadoras da evolução dos seres, verticalmente.

23º) Sem adicionarmos as hierarquias de seres divinos das irradiações horizontais e das oblíquas, já temos, dentro da Umbanda, 686 hierarquias a ampararem nossos trabalhos espirituais, religiosos e magísticos.

Imaginem se adicionássemos as outras hierarquias!
Todas as hierarquias de seres divinos estão assentadas no lado divino da criação e chegam até nós por projeções mentais.
O que nos separa dos seres divinos é uma vibração, pois eles vivem no lado divino e nós no lado espiritual da criação.

Hierarquias Naturais

As hierarquias naturais começam a ser formadas no plano elemental da criação; nele os seres elementais são separados pelos elementos e dentro de um mesmo plano são separados por suas hereditariedades.

As linhas hereditárias são tão definidas que os identificadores-separadores são facilmente visualizados.

Na dimensão elemental do fogo, por exemplo, Oxuns do Fogo têm aparência bem marcante e se diferenciam das Yansãs do Fogo, não só por ela mas também pela forma como se movimentam, pela postura e pelo comportamento.

Nas hierarquias naturais, os diferenciadores entre linhagens são muito fortes. Já em uma mesma linhagem hereditária, os diferenciadores quase desaparecem e, se pudéssemos comparar, imaginem juntar em uma sala um japonês, um chinês, um tailandês, um vietnamita, um esquimó, um polinésio, etc. Todos têm traços comuns que vão desde os olhos até a postura.

Os troncos raciais humanos têm a ver com as linhagens hereditárias naturais.

Os troncos linguísticos também têm a ver com elas!

Após o entendimento sobre os troncos raciais humanos, saibam que em uma mesma classe de Orixás, os seus "filhos" naturais assemelham-se física e comportamentalmente aos seus regentes divinos.

Assim sendo, uma Oxum do Fogo guarda traços "raciais" de uma Oxum da Água, com uma Oxum das Pedras, etc., tal como os cidadãos dos países acima citados guardam entre si.

Essa "familiaridade" entre os seres naturais de uma mesma linhagem hereditária também está visível entre nós, os humanos, mas não é tão marcante quanto entre os seres naturais, membros das hierarquias naturais dos sagrados Orixás.

Como eles não passam pelo ciclo reencarnacionista, não adquirem novas aparências. Apenas "amadurecem" a que possuem.

Os "mais velhos" são tratados com muito respeito e os mais novos só se dirigem a eles se estiverem necessitados ou se forem solicitados.

Não há o nosso liberalismo comportamental, e a anciência é vista como algo a ser alcançado por todos.

Nas realidades das dimensões naturais, os seres jovens sempre são vigiados e cuidados pelos mais velhos e estes sempre são respeitados, nunca são desobedecidos e nunca "levantam a voz" para um mais velho ou na frente dele.

As hierarquias naturais são estáticas e nelas um "mais novo" nunca passa a frente de um mais velho. Nunca um mais novo dará ordens a um mais velho.

Para que tenham uma ideia de como são, a hierarquia sacerdotal do Candomblé assemelha-se às naturais. Nessa hierarquia sacerdotal afro-brasileira a palavra e as iniciativas pertencem aos "mais velhos no santo", e ponto final.

Tempo e grau hierárquico, e todos aceitam isso com naturalidade, inclusive os Orixás dos médiuns, pois eles vêm das hierarquias naturais.

Os seres de natureza divina, denominados Orixás, não são incorporados por ninguém. Eles são divindades.

Os seres naturais membros das suas hierarquias, estes incorporam se estão ligados aos seus médiuns, não costumam falar e se comunicam com os encarnados por gestos e sons monossilábicos.

É importante que se faça essa distinção entre os seres-divindades Orixás e os seres-naturais "Orixás". Estes têm uma correspondência direta com aqueles, mas atuam a partir de lados diferentes da criação.

Para que isso se torne compreensível, vamos a um exemplo:

Uma pessoa está passando por uma dificuldade e, dentro do seu lar, acende uma vela ao Orixá Ogum, clamando-lhe auxílio.

O ser divino Orixá Ogum recebe imediatamente o pedido de auxílio e responde a ele ativando no mesmo instante um ser Ogum natural que, no mesmo instante, projeta-se para onde está a pessoa, faz uma avaliação das suas necessidades, dificuldades e merecimentos e começa a ajudá-la na solução delas.

Como cada caso é um caso, então esse ser natural manifestador pleno da divindade-mistério Ogum começará a atuar em benefício da pessoa da forma mais apropriada para ela.

Essa atuação não será de qualquer jeito e sim obedecerá a um rigorosíssimo código de procedimentos, obedecido fielmente por todos os seres que, aqui, denominamos "Orixás naturais".

O merecimento é fundamental.

As necessidades são avaliadas instantaneamente, e para cada uma haverá um procedimento, que deverá ser seguido à risca.

O ser Orixá natural seguirá o "código de procedimentos" e começará a atuar em benefício da pessoa segundo o merecimento e as necessidades dela, não exorbitando-se em momento algum para não interferir no aprendizado e na evolução da pessoa que clamou pelo auxílio divino, e sim, fará o possível para que a solução das dificuldades seja acompanhada de uma transformação interior para melhor e de uma conscientização que evitará que ela volte a passar pelos mesmos problemas.

Quem acredita que os Orixás auxiliam sem seguir um código de procedimentos não entende de divindades e não conhece os Orixás.

Esses seres naturais que denominamos "Orixás naturais" são associados aos elementos formadores da natureza, e dentro de um mesmo elemento há os ativos e os passivos.

Por ativos, entendam os Orixás naturais identificados pelo próprio elemento. Como exemplo, citamos este:

Yemanjá natural é o mar e nesse elemento ela é ativa. Portanto, o seu santuário natural é à beira-mar, onde a oferendamos e clamamos por seu auxílio divino. Podemos oferendá-la na beira de um rio ou lago, mas nesses campos vibratórios elementais da natureza ela é passiva, ainda que sejam campos vibratórios aquáticos. Nesses campos, Oxum é o Orixá ativo!

Logo, antes de oferendarmos Yemanjá em um rio devemos nos dirigir mentalmente a Oxum e, no mínimo, acender uma vela e pedir-lhe licença para ali oferendarmos Yemanjá, pois não poderemos ir até o mar para fazê-lo.

Seguindo corretamente o "código de procedimentos" dos Orixás naturais, aí sim, Yemanjá adquire "atividade" no elemento água, regido por Oxum.

O inverso também se aplica ao ato de oferendarmos Oxum à beira-mar para, ali, clamarmos pelo seu auxílio divino.

Assim são os Orixás naturais e assim temos que proceder com eles quando formos à natureza oferendá-los e clamar-lhes por auxílio.

Outro exemplo:

Exu é o guardião das "porteiras" ou passagens.

Logo, não se faz uma oferenda em nenhum campo vibratório da natureza sem antes oferendarmos Exu e pedir-lhe licença para entrarmos no campo vibratório desejado.

Há um código de conduta que deve ser seguido à risca se precisarmos do auxílio dos Orixás naturais, na natureza.

Quem o segue obtém resultados, mesmo que seu merecimento seja o menor possível.

Os Orixás naturais são identificados pelos elementos formadores da natureza terrestre, mas não devemos nos esquecer de que essa é só uma forma de identificá-los.

Nomes como:
• Ogum do Fogo
• Oxum dos Rios
• Ogum das Pedreiras
• Oxum das Cachoeiras
• Yansã do Tempo
• Yansã dos Ventos
• Yansã dos Raios
• Xangô das Pedreiras
• Xangô do Fogo, etc.

Essas são só uma forma simbólica de identificação de Orixás naturais ligados umbilicalmente aos seus regentes divinos que, do lado divino da criação, têm neles seus manifestadores naturais.

Os Orixás naturais e os divinos formam o que chamamos de "os dois lados do poder".

As ações de um lado refletem automaticamente no outro e, com isso, o equilíbrio se mantém entre as hierarquias divinas e as naturais dos sagrados Orixás regentes da criação e os guardiões dos seus mistérios.

Nos mistérios estão os fundamentos sustentadores das ações e dos campos de atuação dos Orixás divinos e dos naturais.

A Umbanda não recorre a uma língua africana para identificar os Orixás, pois se serve dos nomes simbólicos dos mistérios para identificá-los.

Existe um mistério Sete Espadas, o seu regente divino (Ogum) e o seu regente natural (Ogum Sete Espadas).

Ogum está assentado no lado divino da criação.

Ogum Sete Espadas está assentado no lado natural da criação.

No lado divino Ogum é poder, no lado natural Ogum Sete espadas é ação.

O mesmo acontece com todos os outros Orixás.

As hierarquias naturais são réplicas das divinas e atuam em total harmonia.

As hierarquias divinas regem o lado interno da criação e as naturais regem o seu lado externo.

O lado interno é imanifestado.
O lado externo é o universo visível onde nós vivemos e evoluímos.

Ambos os lados têm regências muito bem definidas e não compete a nós questioná-las, mas sim, conhecê-las para melhor nos harmonizarmos com elas, pois só assim evoluiremos mais rapidamente.

As hierarquias naturais dos sagrados Orixás são tantas que há uma para cada uma das funções exercidas por eles.

Os sagrados Orixás regentes da natureza têm hierarquias puras e com só uma função, unipolares.

Têm hierarquias bipolares, com duas funções.
Têm hierarquias tripolares, com três funções.
Têm hierarquias tetrapolares, com quatro funções.
Têm hierarquias pentapolares ou com cinco funções.
Têm hierarquias hexapolares ou com seis funções.
Têm hierarquias heptapolares ou com sete funções.
Têm hierarquias octapolares ou com oito funções, etc.
Os seres naturais unipolares são regidos por um só Orixá.
Os seres naturais bipolares são regidos por dois Orixás.
Os seres naturais tripolares são regidos por três Orixás.

E assim sucessivamente com os tetras, pentas, hexas, heptas, octapolares, etc.

Os seres unipolares evoluem em um meio elemental puro.
Os seres bipolares evoluem em um meio bielemental.

De acordo com a quantidade de polaridades são os meios onde eles vivem e evoluem.

Cada polaridade adquirida é um novo meio e novo campo de atuação para eles, que evoluem continuamente sem nunca se esquecerem de nada do que já vivenciaram e evoluíram, porque não passam pelo processo de adormecimento do nosso ciclo reencarnatório.

Para um maior entendimento do processo evolutivo natural, recomendamos a leitura dos livros *A Evolução dos Espíritos* e de *O Guardião do Fogo Divino* (Madras Editora) porque neles a evolução dos seres naturais está bem explicada, dispensando-nos de comentá-las aqui para que entendam as funções dos sagrados Orixás naturais, identificados por nós por meio dos elementos formadores da natureza.

Hierarquias Espirituais

As hierarquias espirituais formam o terceiro pilar de sustentação da Umbanda e sem elas não haveria o trabalho mediúnico que distingue a Umbanda das outras religiões.

As hierarquias espirituais umbandistas têm seus fundamentos tanto nas hierarquias divinas quanto nas naturais.

Nas divinas estão os fundamentos que distinguem a Umbanda como uma religião.

Nas naturais estão os fundamentos da magia umbandista.

Nas divinas estão a poderosa teogonia e a cosmogonia dos nagôs, adotadas pela Umbanda e concretizadas em uma religião que tem em Deus, Olorum, o Supremo Criador e tem nos sagrados Orixás um panteão divino em nada inferior ao das outras religiões, povoado por Anjos, Arcanjos, Tronos, Serafins, Devas, Gênios, Deuses e Deusas.

Comparativamente, a Umbanda tem em seu universo divino tudo o que as outras possuem, só que denominamos os seres divinos e os naturais por Orixás.

O que existe em todas as outras, tudo está na Umbanda, ainda que isso não seja do conhecimento da maioria dos seus praticantes.

Na religião cristã há os Santos?

Na Umbanda eles também estão, só que são guias espirituais ascensionados.

No Judaísmo estão os Anjos, Arcanjos, Serafins, etc.?

Na Umbanda eles também estão, só que são chamados de Orixás.

No Hinduísmo estão os Devas?

Na Umbanda eles também estão e são chamados de seres da natureza.

Nas outras religiões há Magias?

Na Umbanda tudo é magia. Tudo é mágico!

Lamentavelmente pouco disso foi escrito e não vem sendo ensinado aos praticantes e aos seguidores dessa religião tão plena em poderes e mistérios divinos, naturais e espirituais.

Alguém pode indagar isto:

Quais hierarquias divinas, naturais ou espirituais estão na Umbanda?

Todas, respondemos nós!

Basta haver um médium para que as hierarquias passivas se tornem ativas.

Basta um médium umbandista invocar e clamar que as hierarquias lhe responderão, sempre segundo seu merecimento e suas necessidades porque, ao criar a Umbanda, Deus abriu seus lados divino, natural e espiritual a todas as hierarquias.

Os espíritos de pessoas que viveram suas vidas terrenas sob a égide de todas as raças e de todas as religiões têm na Umbanda um meio mediúnico para atuarem em benefício da humanidade e um recurso para resgatarem por meio do trabalho caritativo espiritual seus afins, encarnados ou não.

Por isso são muitas as hierarquias espirituais que atuam na Umbanda.

- Umas nas linhas de Caboclos
- Outras nas linhas de Pretos-Velhos
- Outras nas linhas de Boiadeiros
- Outras nas linhas de Marinheiros
- Outras nas linhas de Baianos
- Outras nas linhas de Ciganos
- Outras nas linhas de Crianças
- Outras nas linhas de Sereias
- Outras nas linhas de Exus
- Outras nas linhas de Pombagiras
- Outras nas linhas de Exus-Mirins, etc.

Nas linhas de Caboclos existem centenas de nomes e por trás de cada um deles há milhares de espíritos que atendem e se apresentam com ele.

Não há individualização e sim coletivização porque a identidade pessoal cede seu lugar à hierarquia que acolheu o espírito e abriu-lhe um meio de manifestar-se.

Os nomes são simbólicos ou alusivos.

Uns simbolizam mistérios. Outros indicam povos, regiões ou etnias.

- Caboclos Tupi
- Caboclos Guarani
- Caboclas Jandira
- Preto-Velho João do Congo
- Preto-Velho José do Cruzeiro
- Criança Pedrinho
- Criança Mariazinha, etc.

• Os Caboclos "Tupis" são espíritos que na última encarnação ou em uma anterior pertenceram à raça Tupi.

Os Caboclos "Guaranis" são espíritos que na última ou em alguma encarnação anterior pertenceram à raça Guarani.

As Caboclas "Jandira" são espíritos femininos que na última encarnação ou em alguma anterior foram índias.

Os Pretos-Velhos "João do Congo" são espíritos que na última ou em alguma encarnação anterior pertenceram ao povo congolês e são regidos por uma divindade que foi associada ou sincretizada com o "São João" cristão.

Os Pretos-Velhos "José do Cruzeiro" são espíritos que atuam no lado espiritual dos cemitérios e são regidos por Obaluaiê.

As Crianças Pedrinho são espíritos que se manifestam na forma infantil porque desencarnaram muito jovens ou são seres encantados da natureza. O nome "Pedrinho" é um diminutivo de "São Pedro", sincretizado com alguns Orixás.

As Crianças Mariazinha são espíritos que se manifestam na forma infantil porque desencarnaram muito jovens ou são seres encantados da natureza. O nome "Mariazinha" é um diminutivo de "Santa Maria", mãe de Jesus, que na Umbanda é sincretizada com Oxum.

Por trás dos nomes estão os Orixás, ainda que seja difícil identificá-los, pois em uma região o sincretismo se serviu dos nomes de alguns santos e em outras se serviu de outros nomes.

Mas, sempre por trás dos nomes "cristãos" estão os sagrados Orixás.

Esses nomes são usados por muitos espíritos que atuam nas correntes de trabalhos espirituais que estão ligadas às hierarquias naturais e divinas.

Não são milhares e sim muitos milhões de espíritos já hierarquizados atuando nas correntes de trabalhos espirituais umbandistas.

Nessas correntes há espíritos de todos os povos, raças, cores e religiões, não existindo nenhum tipo de impedimento à evolução. Apenas se exige a renúncia ao individualismo.

O nome coletivo serve melhor aos propósitos de integração racial, cultural e religiosa.

Os médiuns dos guias espirituais aprendem a amá-los sem vê-los e os têm na condição de pais e protetores.

Não há racismo entre os umbandistas, porque por meio dos seus Caboclos índios amam os índios, por meio dos seus Pretos-Velhos amam os negros; por meio dos seus Boiadeiros amam os mestiços; por meio das suas Crianças amam todas as crianças de todas as raças, etc.

Que religião faz tanto pelos seus seguidores quanto a Umbanda? Que religião consegue tanta transformação em tão pouco tempo quanto a Umbanda?

A ninguém ainda ocorreu estudar a fundo a imensa contribuição que a Umbanda deu para a integração racial, cultural e religiosa do povo brasileiro em apenas um século de existência.

Médiuns descendentes de muitas raças se veem como irmãos espirituais e se ajudam sem outro propósito que o de ver bem seu irmão de fé.

Que outra religião faz por pessoas estranhas a caridade espiritual sem nada exigirem em troca, nem mesmo que se convertam para serem ajudadas?

Todos que entram em um centro de Umbanda são vistos, acolhidos e tratados como irmãos espirituais, filhos do mesmo Deus criador.

A Umbanda é universalista e integradora de raças, religiões e culturas, e nesse aspecto é insuperável por qualquer das religiões que estão aí, criticando-a justamente porque não têm essa capacidade integradora.

Nas festas religiosas para as Crianças, adultos incorporam espíritos infantis e brincam com crianças da mais tenra idade e com elas se comunicam de forma total: no modo de falarem, nos gestos e nas posturas, todos infantis.

Não há encenação ou mistificação, e sim, incorporação da alma infantil por pessoas com o espírito amadurecido na luta pela sobrevivência e na conquista da evolução espiritual.

Na incorporação do Exu alegre e brincalhão, pessoas amarguradas pelos reveses da vida voltam a sorrir esperançosas porque já não se sentem sós e abandonadas. Encontraram no galhofeiro Exu um amigo que lhes traz de volta a alegria.

Que religião desperta isso nos seus seguidores em tão pouco tempo?

Algumas mulheres com a alma sofrida pelos desgostos e decepções amorosas incorporam suas Pombagiras e, num piscar de olhos, afloram nelas todo o esplendor, a beleza e o encanto da alma feminina, mostrando a todos que as veem que nelas estão o esplendor, a beleza, o encanto e a continuidade da vida.

Que religião oferece isso aos seus seguidores se a maioria delas condenam esses predicados femininos e negam à vida suas maiores qualidades, tornando-a desinteressante, desgastante e sofrida, onde tudo é pecado ou desequilíbrio?

A Umbanda é a Umbanda e não é nenhuma outra religião. Inclusive, pode ser classificada como culto afro-brasileiro. Mas nenhum outro é como a Umbanda.

Só a Umbanda é Umbanda.

Tudo isso graças à presença dos amados guias espirituais, agregados às hierarquias espirituais dos sagrados Orixás de Umbanda.

Esses mesmos guias que se manifestam com formas caracterizadas pertencem a hierarquias regidas pelos sagrados Orixás, formando o terceiro vértice do triângulo equilibrador dos seres.

Nesse triângulo, em um vértice está o divino, em outro está o natural e no terceiro está o espiritual.

Ele é equilátero, mostrando que, sem um deles, os outros dois se tornam inoperantes, religiosa e magisticamente.

Cada linha de trabalhos espirituais está ligada a uma hierarquia de seres com compromissos perante Deus e suas divindades, e estão voltadas para o auxílio e a evolução da humanidade.

O que é da competência dos seres divinos, estes auxiliam e solucionam a partir da fé.

O que é da competência dos seres naturais, estes auxiliam e solucionam a partir da magia.

O que é da competência dos guias espirituais, estes ajudam e solucionam com o auxílio das divindades, da magia e do trabalho que só os espíritos conseguem realizar porque também são seres humanos, como nós!

Não há nada de errado, pecaminoso ou condenável no auxílio dado pelos espíritos-guias de Umbanda.

Eles, tal como os profissionais especializados aqui no plano material, só são procurados quando o trabalho a ser feito é de suas competências.

Isto é, foi e sempre será assim.

A cada um segundo sua competência! Se os guias orientam as pessoas a irem até a natureza para lá oferendarem membros das hierarquias naturais, é porque o trabalho a ser feito em benefício delas é da competência dos seres da natureza.

Afinal, nós vivemos no centro do triângulo de forças equilibrador da nossa evolução e temos que nos dirigir aos regentes do vértice onde surgiu algum desequilíbrio.

Como nos falta uma visão completa do triângulo que nos sustenta, os guias orientam-nos sobre os desequilíbrios e em qual dos vértices está localizado o poder reequilibrador para cada um deles.

Se está no lado divino, só reequilibrando a fé para haver melhora.

Se está no lado natural, só se rearmonizando com a natureza o ser se reequilibrará.

Se está no lado espiritual, só se rearmonizando com a espiritualidade para reequilibrar-se.

A Umbanda é fé, religião, magia e espiritualização na vida dos seus seguidores.

Ela é como é porque assim foi pensada por Deus, concretizada pelos sagrados Orixás e colocada para todos pela espiritualidade.

Seus fundamentos são divinos, naturais e espirituais, todos em harmonia e se complementando e completando.

Por isso não se discute qual das hierarquias é a mais importante. Sabemos que todas as três são interligadas e interdependentes.

Ao divino o que é da fé.

Ao natural o que é da magia.

Aos espíritos o que é da espiritualidade.

Quanto a tudo mais, são meios e recursos para que a evolução aconteça em todo o triângulo da vida.

O Triângulo da Vida

O triângulo da vida é formado por três vértices distintos e interligados: o divino, o natural e o espiritual.

Vejamos:
Todos temos nossa geração em Deus e em nosso íntimo trazemos uma necessidade de estar em comunhão harmônica com Ele para nos sentirmos bem.

Todos evoluímos em meios materiais ou espirituais onde tudo o que nos cerca independe de nossa existência para sustentar-se e no entanto existe para sustentar-nos.

Todos somos espíritos, estejamos encarnados ou não. Fazemos parte do lado espiritual e necessitamos do auxílio divino e do natural para evoluirmos em harmonia e equilíbrio, espiritualizando-nos.

Vejamos o vértice divino:
Somos seres espirituais umbilicalmente ligados a Deus e se não vivenciamos essa ligação por meio da fé, a nossa religiosidade deixa de existir e nos fragilizamos porque deixamos de ter à nossa disposição o "ombro amigo" dos seres divinos no qual choramos nossas mágoas, tristezas e decepções e com os quais comemoramos e compartilhamos nossa fé, nossa alegria e nossa esperança em dias melhores e mais felizes.

Na divindade encontramos forças e ânimo para suportarmos os reveses que o nosso aprendizado na escola da vida nos proporciona de vez em quando. Não vemos e não ouvimos a divindade como aos nossos semelhantes, mas a sentimos em nosso íntimo e a percebemos em nossa vida pela harmonia que sua presença nos proporciona, mesmo quando nos sentimos abatidos e sem forças para retomarmos nossa jornada evolutiva.

A divindade é invisível, mas não insensível, e sempre está atenta às nossas dificuldades e necessidades; e se ela não pode fazer por nós o que é da nossa competência, sempre nos envia suas vibrações, sustentadoras da nossa vida, e nos encaminha até quem possa nos auxiliar.

O ato de crermos no aparo divino conforta-nos e nos proporciona uma sensação de amparo incomparável a tudo que possamos obter aqui no plano material. Não há como descrevermos o conforto e o amparo divinos, mas eles nos acalmam, nos elevam e fazem com que nos sintamos em paz.

A bondade, o respeito e a fraternidade humana são sentimentos que nossa fé desperta em nosso íntimo, assim como a compaixão, a caridade e a misericórdia.

Tudo isso e muito mais, o vértice divino do triângulo da vida nos proporciona.

O vértice natural:

Quanto ao vértice natural, este nos forneceu o meio onde vivemos e a partir dele inunda nosso espírito com suas energias elementais, imprescindíveis ao bom funcionamento do nosso corpo energético.

Tanto no seu lado material quanto no espiritual, ele fornece a sustentação ao nosso crescimento consciencial, exigindo em troca que conservemos o meio onde vivemos para que ele nunca se esgote.

O que chamamos de "natureza" é uma inestimável usina geradora de energias sutis indispensáveis à nossa sobrevivência, pois se o corpo biológico precisa de alimentos para se manter forte e saudável, o corpo espiritual também precisa ser alimentado.

Os elementos que formam a natureza terrestre são energia em estado de repouso e liberam para o lado espiritual radiações que saturam o nosso espírito, energizando-o a partir do corpo elemental básico, o nosso primeiro corpo.

Se ficamos sobrecarregados de radiações energéticas elementais, temos que ir à natureza para nos descarregarmos.

E, se elas nos faltam, temos que ir à natureza para nos recarregarmos.

Se a natureza está em equilíbrio, não temos com o que nos preocupar. Mas se ela entra em desequilíbrio, de uma forma imperceptível nosso corpo elemental básico começa a sobrecarregar-se negativamente e, a médio prazo, nosso espírito começará a dar sinais de desconforto, enfraquecendo-se.

Nossa aura diminui porque o desequilíbrio em nosso corpo elemental básico diminui o comprimento das nossas radiações naturais, deixando nosso espírito exposto a radiações cósmicas sutis, mas que também nos são prejudiciais.

O vértice natural do triângulo sustentador da vida é tão importante quanto os outros dois.

• No vértice divino vivem os seres de natureza divina.
• No vértice espiritual vivem os seres de natureza espiritual.
• No vértice natural vivem os de natureza elemental.

Neste último vivem seres do fogo, da água, do ar, da terra, dos vegetais, dos cristais e dos minerais.

São sete reinos a sustentar tantos seres que é impossível quantificá-los e, com o desequilíbrio da natureza já existente, parte desses reinos também estão desequilibrados porque as radiações elementais naturais estão enfraquecidas e saturadas de elementos artificiais criados pelo desenvolvimento industrial.

A natureza em desequilíbrio gera energias elementais nocivas para os seres naturais e para nós, os seres espirituais, porque nosso equilíbrio energético depende do equilíbrio energético nos sete reinos elementais.

Caso não saibam, as radiações liberadas por nós, conhecidas como "aura", vão para os reinos elementais da natureza terrestre (fogo, água, terra, ar, mineral, vegetal, cristal). E, se elas são negativas, influenciam negativamente os seres da natureza, que se recolhem cada vez mais, afastando-se de nós e deixando-nos entregues à nossa própria sorte.

Nos reinos elementais estão assentadas as hierarquias naturais, regidas por Orixás que denominamos Orixás da natureza.

Esses Orixás naturais têm como funções dar sustentação aos reinos da natureza e amparar a evolução dos seres que neles vivem e evoluem.

Por serem associados aos próprios elementos, temos Orixás do fogo, da água, do ar, da terra, dos minerais, dos vegetais e dos cristais.

O local mais adequado para recebermos seus auxílios é justamente na natureza e em pontos ainda em equilíbrio, não saturados pela presença de pessoas.

Detritos, resíduos industriais tóxicos, lixo, entulhos, etc., desequilibram o meio natural e tornam-se nocivos aos seres da natureza, afastando-os desses locais, e dificultam o auxílio que têm para nos dar "naturalmente".

A natureza possui vórtices eletromagnéticos, uni e bidirecionais. Alguns vórtices unidirecionais enviam para o lado espiritual as energias elementais, e outros recolhem as energias do lado espiritual e as enviam ao lado natural.

São as duas partes energéticas de uma mesma coisa: a criação! Se um lado está desequilibrado, influencia o outro e vice-versa.

Quanto a nós, se nosso espírito entra em desequilíbrio energético, é na natureza que podemos descarregá-lo das suas sobrecargas negativas.

O hábito ritualístico de se fazer oferendas na natureza aos seres que a habitam vem de longe e não foi criado por nós, que só o conservamos porque ele é, de fato, muito benéfico.

Atualmente, por causa da explosão demográfica ocorrida no século XX, a natureza enfraqueceu-se e já não libera tanta energia elemental quanto é necessária para o equilíbrio energético do nosso espírito.

A destruição da natureza vai desde a poluição dos rios e lagos até a dos lençóis freáticos; da extração em grande escala de todos os tipos de minérios até uma gigantesca emissão de gases tóxicos.

Isso tudo está influenciando de tal forma o equilíbrio energético elemental que, a médio prazo, pagaremos um preço muito alto pelo conforto que a revolução industrial nos proporcionou.

Não temos "natureza" à nossa volta e já não recebemos em nosso corpo elemental básico as radiações naturais, e sim, recebemos as dos produtos industriais.

Queda na produção de espermatozóides dos seres masculinos; dificuldades para engravidar nos seres femininos; problemas respiratórios; queda da resistência física; perda da sensibilidade; diminuição da libido; rejeição do contato físico; irritabilidade; insônia; cansaço permanente; falta de concentração; dificuldades no aprendizado; perda da memória; rejeição; insensibilidade com o sofrimento alheio; etc., tudo isso têm a ver com o desequilíbrio energético no nosso corpo elemental básico, tão importante para nós quanto o ar que respiramos.

O nosso corpo elemental básico é tão importante para o bem-estar do nosso espírito quanto o alimento e o oxigênio que consumimos para nos mantermos vivos.

Mas, quem conhece realmente as funções do nosso corpo elemental básico?

Na literatura espiritualista, todos concordam que temos sete corpos, mas os descrevem de forma tão pueril que é melhor que não saibamos da existência deles porque o que há, de fato, de conhecimento nessa área é nada se comparado à importância de cada um desses corpos.

Quem sabe quais são as funções dos nossos sete corpos espirituais? Onde está a literatura científica sobre eles e suas reais funções para nós como um todo?

Os nossos sete corpos são sete estruturas energéticas interligadas e interdependentes e, se um entra em desequilíbrio, afeta todos os outros seis.

O equilíbrio energético é importantíssimo para uma vida saudável e prazerosa. Isso, quem nos proporciona é a natureza; e quem pode nos auxiliar quando um desequilíbrio acontece em nossos corpos são os seres da natureza, que podem retirar deles as sobrecargas que estão nos prejudicando.

Esses seres vivem no lado natural da criação, e mesmo sendo nossos vizinhos astralinos não podem interferir em nosso favor sem a autorização das divindades regentes dos reinos da natureza.

Daí surge a magia como instrumento de auxílio porque só por meio desse recurso os seres da natureza podem atuar em nosso benefício.

E, não tenham dúvidas, eles nos auxiliam caso sejamos merecedores porque o nosso desequilíbrio reflete negativamente em todos os que estiverem ligados a nós por cordões energéticos naturais.

Este é outro mistério da criação, tão desconhecido dos espíritos humanos quanto todos os outros, mas tão fundamental para o nosso equilíbrio e bem-estar que ou preservamos e respeitamos a natureza e os que nela e dela vivem ou sofrermos consequências danosas.

Toda magia com propósitos destrutivos é condenável, pois quem as fizer entrará em desequilíbrio energético e as consequências será o atrofiamento dos cordões energéticos alimentadores de seus corpos.

Isso causará profundas deformações nos corpos energéticos e refletirá no espírito como desconforto.

É a lei das ações e reações atuando sobre todos os que atentam contra um semelhante seu, pois se este não tem como evitar ou defender-se de ações tão covardes, a Lei Maior não deixa de punir os que recorrem aos aspectos negativos da criação para atingirem seus desafetos.

As religiões mentalistas estão certas em condenar o mal e classificá-lo como pecado, mas as religiões naturais deveriam classificar como pecado gravíssimo e punível pela lei todas as magias negativas feita por pessoas que aprenderam a magia da natureza e recorrem aos seus aspectos negativos.

Ninguém discorda de que é crime uma pessoa atentar contra a vida de outras ou contra a própria.

Inclusive, há leis específicas para coibir esses crimes e para punir quem praticá-los.

A natureza em particular e a vida no seu aspecto mais amplo também possuem suas leis coibidoras e punidoras, só que elas não dependem de ações externas porque são ativadas automaticamente assim que uma ação mágica criminosa é iniciada.

E suas ações punidoras vão se acentuando na justa proporção em que o ser vai repetindo seus crimes.

Pessoas que sacrificam aves, animais, répteis, etc, para atingirem os seus semelhantes aqui na Terra, quando desencarnam sentem tanta sede, sofrem um tormento tão angustiante que, levados pelo desespero, bebem as águas fétidas dos pântanos astralinos; comem seivas gosmentas expelidas por criaturas desconhecidas, mas que fazem parte do meio trevoso para onde são arrastadas após a morte.

E o alívio é transitório porque após alguns minutos depois voltam a ser atormentados pela sede insaciável.

Pessoas viciadas em bebidas alcoólicas e que destroem seus corpos energéticos com o álcool sofrem atrozmente os tormentos dele, pois se sentem queimando e mergulham em qualquer lodo ou poças lodosas existentes no meio trevoso onde vivem, na ânsia de apagar o fogo que os consome.

A vida tem seus mecanismos e eles são ativados por nós assim que atentamos contra ela e contra a natureza que nos sustenta.

Que devastem tudo à volta por pura ambição, mas que ninguém diga que Deus é injusto caso, após a morte, encontrarem-se no deserto árido das esferas espirituais negativas.

Só por esses comentários os criminoso das magias negativas devem refletir sobre suas ações criminosas contra seus semelhantes porque estão atentando contra a vida. E esta, não tenham dúvidas, tem seus mecanismos repressores e punidores.

Mas, por outro lado, no positivo a natureza possui tantos mecanismos amparadores da vida que temos nela o nosso maior protetor energético e nosso mais próximo amparador natural.

Basta sabermos respeitá-la e aos seres que vivem e evoluem no lado natural da vida que ela sempre atuará em nosso benefício, fornecendo o precioso alimento material para o nosso corpo biológico e energias naturais para o nosso espírito.

Os sagrados Orixás naturais são os regentes da natureza. Eles regem todos os seres naturais e governam os reinos naturais e os domínios existentes nas dimensões elementais.

São eles que atuam em equilíbrio com o vértice divino do triângulo da vida para que nós, aqui no lado material, vivamos e evoluamos em paz, harmonia e equilíbrio... quando os nossos semelhantes os permitem. Eles nos concedem o direito de, por meio da magia, ativarmos os seus poderes e os seus mecanismos amparadores da nossa vida, se soubermos como fazê-lo.

A magia natural é tão legítima quanto a prece e a oração e, em muitos casos, é o nosso pronto-socorro espiritual, inesgotável em medicamentos curadores do nosso espírito e regeneradores dos nossos corpos etéricos.

A natureza está aí e está à nossa volta!

Que se sirvam dela quem souber como. Mas que ninguém a desdenhe ou a destrua, senão ativará contra si os mecanismos protetores da vida.

Os sagrados Orixás naturais regem a natureza e podem sim nos auxiliar por meio da magia natural umbandista, que consiste em irmos até algum ponto da natureza e, por meio de oferendas, ativarmos seus mecanismos protetores da vida e, após ter feito isso, recebermos o auxílio dos seres da natureza, tão preocupados quanto nós pelo nosso bem-estar, nossa saúde e nosso equilíbrio.

Afinal, se estivermos desequilibrados, seremos muito nocivos a eles.

O Lado Espiritual da Vida

O lado espiritual fecha o triângulo da vida porque nesse vértice vivemos nós, os espíritos humanos, ora vivendo e evoluindo no plano da matéria, ora no do espírito.

O lado em que vivemos e evoluímos é muito importante porque, junto com o divino e o natural, forma um todo tão completo que juntos dão à criação as condições e os meios para que todos os seres evoluam continuamente e se amparem mutuamente.

A existência de um lado complementa a dos outros dois.

No lado espiritual são geradas energias e vibrações complexas que são enviadas para o lado natural, dando dinamismo e acelerando a evolução que nele acontece.

Esse dinamismo energético e vibracional é um estimulador das dimensões naturais que abrigam tantos seres que é impossível quantificá-los.

O lado espiritual também possui suas hierarquias e suas divindades sustentadoras da nossa evolução humana.

Essas "divindades humanas" são Orixás naturais que se humanizaram para darem sustentação religiosa e consciencial aos seres naturais que se espiritualizam para evoluírem mais rapidamente.

Evoluindo mais rápido, podem retornar ao lado natural e nele acelerar a evolução dos seres naturais necessitados.

Nada existe por acaso ou só para si. Tudo tem função na criação e se não fosse para sermos úteis em campos ainda fechados para nós, então para que evoluirmos até desenvolvermos um estado de consciência universalista?

Para que tantos chamados à evolução se evoluir por evoluir nada justifica tantos amparando nossa evolução e estimulando nosso aperfeiçoamento moral?

O lado espiritual da vida é tão importante para os outros dois quanto estes são para o nosso.

A energia e a vibração geradas por nosso espírito são fatores poderosos e fundamentais para os outros seres que não podem ser incorporados ao nosso ciclo evolucionista reencarnatório porque, no lado material da vida, não cabe tanta "gente" assim.

O lado material da dimensão humana da vida é limitado e isso valoriza ainda mais o nosso ciclo evolucionista.

As vibrações e energias espirituais não se espalham pelo Cosmos e, sim, são absorvidas pelos vórtices eletromagnéticos multidimensionais que as distribui por todas as outras dimensões da vida, todas sustentadoras de tantas formas de vida que não temos a noção da grandeza da criação divina.

Um espírito humano plenamente desenvolvido moral, consciencial, energética, magnética e mentalmente é capaz de doar e sustentar em equilíbrio tantas realidades da vida que, se todos soubessem disso, não se perderiam nos descaminhos das trevas da ignorância e nas amarras emocionais que se envolvem e se paralisam por séculos e séculos.

Um espírito humano, quando plenamente desenvolvido nos campos anteriormente citados, torna-se uma usina geradora do fator humano e o irradia o tempo todo, sendo que, por ser um fator formado a partir de todos os outros, os traz em si e é um dinamizador tão poderoso que um ser humano é capaz de estimular e acelerar a evolução de milhões de seres naturais só com sua presença no meio onde eles vivem e evoluem.

Os espíritos humanos plenamente desenvolvidos são vistos pelos seres naturais como nós vimos os Orixás naturais: como seres divinos... humanizados.

Essa importância do lado espiritual do triângulo da vida para o todo precisa ser ensinada e tornada conhecida por todos os umbandistas, porque só assim entenderão por que seus guias espirituais solicitam suas oferendas na natureza.

Eles, por já estarem ligados às hierarquias espirituais dos sagrados Orixás da natureza, também estão ligados aos seus reinos e domínios e já estão dando sustentação à evolução natural. Por isso, têm condições de direcionar em nosso benefício a ação dos seres da natureza, manipuladores de poderosas energias.

A Umbanda não é uma religião em que só oramos e clamamos a Deus e aos Orixás. Nela, nós também os servimos como seus filhos espiritualizados e seus médiuns.

MEDIUNIDADE NA UMBANDA

Allan Kardec, o grande pesquisador francês dos fenômenos mediúnicos, auxiliado por um grupo de médiuns e pela espiritualidade, deixou-nos um legado único e do qual todos têm se servido desde então para escrever e ensinar sobre o espírito.

Seus livros, o *Livro dos Médiuns* e o *Livro dos Espíritos,* são importantíssimos para quem é médium e para quem quer conhecer sobre os fenômenos espíritas.

Posteriormente, outros grandes pesquisadores e estudiosos da obra de Allan Kardec aprofundaram-se ainda mais e criaram toda uma ciência espiritual.

É importante que todos estudemos as obras de Kardec e de outros grandes autores espíritas porque seus livros são de suma importância para nosso aprendizado mediúnico.

Um médium umbandista não deve deixar de lê-los e estudá-los!

Bom, após essa recomendação, passemos aos nossos comentários sobre a mediunidade na Umbanda, uma religião espiritualista ou espírita, porque está fundamentada na manifestação dos espíritos.

Alguns autores, inclusive, referem-se ao "espiritismo de Umbanda", ao se referirem à Umbanda, se bem que acreditamos que essas adjetivações não sejam tão importantes quanto o entendimento das funções do espiritismo kardecista e do umbandista: espiritualizar as pessoas!

A mediunidade na Umbanda está centrada em algumas faculdades mediúnicas ou paranormais e que são estas: incorporação, comunicação, magnetização, fluidificação, transporte, intuição, vidência e audição.

Mediunidade de incorporação é aquela por meio da qual a pessoa consegue incorporar espíritos.

Mediunidade de comunicação é aquela em que os espíritos conseguem se comunicar com as pessoas por meio de médiuns específicos. A psicografia e xenoglossia são as principais faculdades nesse tipo de mediunidade.

Mediunidade de magnetização é aquela em que médiuns dotados de magnetismo específico conseguem doar fluidos vitais com propriedades curadoras e energizadoras.

Mediunidade de fluidificação é um desdobramento da magnetização pela qual o médium possui a faculdade de fluidificar líquidos, dando-lhes propriedade energéticas, medicinais e balsâmicas.

Mediunidade de transporte é aquela em que os médiuns são dotados da faculdade de transportarem para si os encostos espirituais e as imantações negativas que incomodam as pessoas.

Mediunidade intuitiva é aquela pela qual o médium dotado dessa faculdade canaliza as orientações dos espíritos por um tipo de telepatia e orienta as pessoas.

Mediunidade de vidência é aquela pela qual o médium vê parte do plano espiritual e os espíritos.

Mediunidade de audição ou auditiva é aquela mediante a qual o médium ouve a voz dos espíritos.

Essas são as faculdades mediúnicas mais desenvolvidas e requisitadas pela Umbanda, ainda que haja médiuns pictógrafos ou pintores, psicógrafos ou escritores, sensitivos, perceptivos, etc.

Por ser uma religião mediúnica, a Umbanda é indispensável às pessoas médiuns.

Sem a mediunidade não haveria a Umbanda, que centrou seus trabalhos na incorporação de espíritos e nos trabalhos espirituais de consultas, descarregos, desobsessões, fluidificação, magnetização, etc.

Portanto, a melhor definição para a Umbanda é a de religião mediúnica.

O Médium de Umbanda

Médium é médium em qualquer lugar, doutrina ou religião, mas, para ser médium de Umbanda a pessoas precisa possuir a faculdade de incorporação, pois o grande trabalho de caridade espiritual é realizado pelos guias espirituais que, incorporados em seus médiuns, dão passes magnéticos, fluidificam, descarregam, orientam, desobsediam, etc.

Na verdade, médiuns videntes, clarividentes, psicógrafos, pictógrafos, sensitivos e perceptivos não são considerados como de Umbanda, e sim, são vistos como pessoas dotadas de faculdades mediúnicas auxiliares e ocupam um segundo plano, pois o primeiro é ocupado pelos médiuns de incorporação.

É muito comum médiuns de incorporação possuírem essas faculdades ou algumas delas, às quais recorrem como auxiliares dos seus trabalhos espirituais.

Mas não devemos nos esquecer que o desenvolvimento e o aperfeiçoamento de qualquer faculdade mediúnica exigem esforço e dedicação.

Paciência, cautela e bom senso são importantes para um bom aprendizado sobre o uso de qualquer faculdade mediúnica, e não só com a de incorporação.

A maioria das pessoas com mediunidade de incorporação, quando começam a desenvolvê-la, precisam de atenção especial porque apresentam sérios desequilíbrios em seus campos mediúnicos.

Cada um apresenta desequilíbrio em um ou mais campos, geralmente sobrecarregados de espíritos perturbados, sofredores, vampirizadores e obsessores.

Essas presenças intrusas dificultam uma boa incorporação e é preciso submetê-las a tratamentos espirituais, às vezes prolongados, até que os médiuns tenham condições de ser integrados à corrente de desenvolvimento mediúnico onde, pouco a pouco, vão aprendendo a se "soltar" e deixar que as incorporações aconteçam de forma ordenada e equilibrada.

Muitos começam a desenvolver-se na incorporação, mas acabam desistindo, enquanto outros perseveram e alcançam um ponto em que as incorporações acontecem com naturalidade e esses médiuns se tornam confiantes.

A partir desse ponto começam a auxiliar nos trabalhos de assistência espiritual assistindo e auxiliando os médiuns de trabalhos.

A mediunidade, seja qual for, precisa ser "lapidada", desenvolvida e aperfeiçoada, senão ela fica fora de controle e atrapalha a vida do seu possuidor.

OS TRABALHOS DE UMBANDA

Os trabalhos espirituais de Umbanda processam-se de duas formas:
1ª) Nos centros;
2ª) Na natureza.

Nos centros os trabalhos de assistência espiritual são comandados pelos guias espirituais, cabendo aos médiuns estarem em harmonia e equilíbrio para que as incorporações sejam plenas e não aconteçam perturbações ou interferências do baixo astral.

Ao médium dirigente e seus auxiliares compete fazer as firmezas indispensáveis para que a segurança da casa esteja ativada e os guias possam servir-se delas para trabalharem o lado espiritual dos médiuns e da assistência de forma quase imperceptível.

Certos cuidados são necessários porque sem pontos de segurança e de descargas não é possível conter e recolher as hordas de espíritos desequilibrados que entram no centro, tanto acompanhando alguns médiuns que estão sendo atuados como com a assistência, que chega com inúmeros problemas a serem resolvidos pela espiritualidade.

No centro, os pontos de segurança e de descargas são muito importantes e são imprescindíveis ao bom andamento dos trabalhos. Muitos médiuns, por não saberem como criar pontos de segurança e de descargas, não os preparam antecipadamente e limitam-se a firmar o altar e a tronqueira, deixando para os guias a feitura deles.

É importante que os médiuns responsáveis pela condução dos trabalhos espirituais e pela segurança do centro criem esses pontos bem antes do início dos trabalhos e deixe-os ativados para que, assim que as pessoas começarem a entrar, suas sobrecargas negativas comecem a ser drenadas e puxadas para dentro deles.

Os pontos de firmeza e de descargas são vórtices absorvedores de energias negativas, de obsessores, de sofredores e de vibrações negativas e são portais multidimensionais que encaminham cada coisa para o seu lugar.

O ideal é ter dois pontos, um diante do altar e outro na entrada do centro, mas do lado de dentro, pois do lado de fora a tronqueira, devidamente ativada, dá conta da segurança e das descargas de sua alçada e responsabilidade.

Passe energético, magnético e espiritual; transporte e desobsessão de espíritos desequilibrados; anulação de trabalhos de magias negativas; trabalhos de curas espirituais; orientação e doutrinação, etc., são atividades corriqueiras para os médiuns de trabalhos espirituais.

Até mesmo os frequentadores assíduos das sessões de trabalho espirituais, só de olharem, já entendem tudo o que está sendo feito pelos guias incorporados e pelos seus médiuns auxiliadores.

Para alguém que entra pela primeira vez em um centro de Umbanda, a impressão de confusão ou até de "bagunça" assoma de imediato, pois enquanto um guia espiritual está dando consulta ao consulente, outro está fazendo descarregos pesadíssimos, outro está dando passe, outro está cuidando de espíritos sofredores, etc.

Como todos não estão fazendo a mesma coisa ao mesmo tempo, o visitante tem essa impressão de desordem, mas é preciso o entendimento de que cada guia faz o que é preciso sem se incomodar ou ser incomodado por aquilo que o guia ao seu lado está fazendo.

Quando um está no meio do trabalho por uma pessoa, outro está começando a trabalhar por outra pessoa e outro está encerrando seu atendimento a outra.

Portanto, ao leigo ou ao principiante é importante centrar sua observação em um único guia para começar a entender como é um trabalho espiritual dentro de um centro de Umbanda.

Os Trabalhos na Natureza

Os médiuns umbandistas são orientados a realizar certos trabalhos na natureza e em campos ou locais específicos porque, em se tratando de magia, nem sempre é possível realizá-la dentro do centro.

Várias necessidades exigem a ida à natureza:

• Firmeza de guias e Orixás exigem que sejam oferendados e firmados primeiro em seus pontos de forças na natureza.
• Descargas ou despachos de forças negativas têm que ser feitas nos campos de onde vieram.
• Descarregos elementais exigem a presença da pessoa na natureza e no ponto de força onde são abundantes.
• Oferendas propiciatórias devem ser feitas na natureza.
• Oferendas de agradecimento devem ser feitas nos pontos de forças das entidades invocadas.

Os principais pontos são: beira-mar, cachoeiras, rios, lagos, bosques ou matas, pedreiras, montanhas, caminhos, encruzilhadas, cemitérios e porteiras.

Geralmente são os guias espirituais que determinam onde, como, o que e por que trabalhar na natureza.

Não há nada de errado realizar trabalhos na natureza e, se feitos corretamente, são muito bons.

Entrar e sair da natureza exige procedimentos corretos e indispensáveis a um bom trabalho de magia espiritual-religiosa.

O que importa saber é que há casos que devem ser trabalhados espiritualmente no centro e há casos que só devem ser trabalhados magística ou religiosamente na natureza.

Trabalhos magísticos são os realizados por meio de oferendas.

Trabalhos religiosos são aqueles em que os médiuns abrem uma "gira" completa nos pontos de forças e seus guias trabalham nos campos dos Orixás na natureza.

Recomendamos a leitura dos livros *Formulário de Consagrações Umbandistas* e *O Livro de Oferendas e Assetamentos*, ambos de nossa autoria e editados pela Madras Editora, para um melhor entendimento sobre os trabalhos realizados na natureza.

ORIXÁS NA UMBANDA

A Umbanda, em seu início, pela própria formação religiosa dos seus primeiros praticantes, todos ligados ao saudoso pai Zélio de Morais, era fortemente influenciada pelo Espiritismo e pelo Cristianismo. A Umbanda, em seu início, era considerada espírita e os médiuns se apresentavam como espíritas de Umbanda, diferenciando-se dos médiuns espíritas kardecistas.

Entendemos como normal esse início da Umbanda porque algo novo em religião e espiritismo estava começando a tomar forma e a assumir lentamente sua identidade.

Com o passar do tempo, a presença dos Orixás foi acentuando-se e aconteceu um distanciamento salutar do Espiritismo kardecista, pois, ou isso acontecia ou a Umbanda nunca deixaria de ser uma versão brasileira dele. E não fora para isso que ela havia sido criada e sustentada. Uma religião estava nascendo, pois já havia sido pensada no astral.

Não vemos anormalidade no fato de ela ser apresentada como "espírita, cristã, branca, iniciática, esotérica, etc".

Tudo foi ou ainda é parte de um processo maior, que é a cristalização de uma nova religião, em que cada um que aderiu a ela deu sua contribuição trazendo o que havia de melhor na sua formação anterior.

Mas chegou um momento em que as práticas, fundamentadas nos Orixás, começaram a predominar e a impor-se sobre as outras correntes de trabalhos espíritas ou iniciáticos e uma feição forte começou a se mostrar em todo o seu poder e esplendor: o culto aos sagrados Orixás.

Vários nomes dados a Deus (Tupã, Zambi, etc.) começaram a ceder o lugar a Olorum, o nosso Divino Criador.

A trindade Olorum, Oxalá e Ifá assumiu o lugar do Pai, Filho e Espírito Santo, e os Orixás foram substituindo os santos católicos apostólicos romanos.

Os livros espíritas começaram a ceder lugar aos de autores umbandistas compromissados com os Orixás e muitos dos ritos e magias do já tradicional Candomblé foram incorporados às práticas de Umbanda.

Muitos autores delinearam cosmogonias e teogonias umbandistas, fundamentadas nas heranças dos cultos de nação, então muito resguardados por seus preservadores africanos e por seus filhos e netos brasileiros.

A pajelança brasileira entrou firme com seus conhecimentos e toda uma contribuição sobre a natureza, atrelando à Umbanda os trabalhos nas matas e com as ervas.

Religião mágica ou magia religiosa, eis o campo fértil onde os sagrados Orixás começaram a ser semeados!

Em ambos os casos os Orixás são insuperáveis porque tanto podem ser cultuados religiosamente como são os senhores da magia sagrada.

Foi um processo lento conduzido pela espiritualidade que introduziu os Orixás como poder predominante e condutor da Umbanda.

No decorrer de um século tudo foi acontecendo tão naturalmente que, na transição do poder dos santos católicos para os Orixás, agora só falta a substituição das imagens religiosas.

Atualmente, o sincretismo entre duas culturas religiosas praticamente desapareceu e até imagens africanas já ocupam os altares umbandistas ou são construídas com uma simbologia mais representativa da nova religião.

Em simbologia, a Umbanda é riquíssima e tem tantos mistérios à sua disposição que seus altares a diferencia das outras religiões.

Cada centro tem seu Orixá patrono, e ao lado dele estão todos os outros, sempre prontos para auxiliarem quem neles depositar sua fé, seu amor e seu respeito.

Orixá, na Umbanda, é isto: poder divino enviado por Olorum para nos amparar!

OS GUIAS DA UMBANDA

Os guias espirituais que se manifestam na Umbanda por meio da incorporação já são conhecidos e dispensam apresentação.

Alguns pesquisadores da Umbanda, esquecidos do mistério da reencarnação, até se confundem ao verem espíritos de "índios" e de "negros" baixando nos terreiros e ajudando os "senhores" brancos. O mistério da reencarnação, se não for bem entendido, não justifica o fato de espíritos de índios e de negros, torturados e escravizados pelos nossos antepassados colonizadores, estarem incorporados em médiuns brancos e ajudando a todos com uma disposição única.

A reencarnação ensina-nos isto: os espíritos não têm raça, cor ou religião antes de iniciarem o ciclo encarnacionista.

Mas, como energia plasmática, o perispírito "assume" a cor e a forma do corpo físico que é seu veículo ou seu "aparelho" de sustentação no plano material. E essa aparência se conserva à disposição do espírito após seu desencarne para que ele não perca a sua identidade pessoal.

Nos espíritos evoluídos, a forma plasmática dissolve-se e mostra-se como uma luz. Nos espíritos menos evoluídos, ela deforma-se e reflete os vícios e as doenças conscienciais do ser, mostrando-o como algo horrível.

Bom, de posse desse conhecimento verdadeiro, aí sim, podemos comentar os "índios e os negros" que se manifestam incorporados em médiuns umbandistas, não importando a cor ou a raça.

Se espírito não tem cor, raça ou religião no seu estado original, tem memória e consciência e, como a Umbanda foi fundamentada na magia, no Cristianismo, na herança religiosa africana e na herança religiosa e cultural dos índios brasileiros, então nada mais acertado e justo do que os guias espirituais se apresentarem revestidos com seus corpos fluídicos ou formas plasmáticas que tiveram na última encarnação ou mesmo em uma outra, acontecida há muito tempo, anterior à vinda dos colonizadores.

Podem, inclusive, plasmar a aparência de índios brasileiros ou de negros africanos mesmo que nunca tenham encarnado nesses dois continentes e não tenham pertencido a essas raças quando encarnados.

Tudo que é possível e que melhor serve para direcionar a evolução dos seres é usado pela espiritualidade em nosso benefício.

O médium "branco" de hoje pode ter sido o índio subjugado ou o negro escravizado de ontem, e vice-versa.

A reencarnação é um mistério tão abrangente que nos surpreende continuamente, inclusive. Há espíritos com memórias plasmáticas femininas encarnados em corpos físicos masculinos, e vice-versa, influenciando desde seus gestos e gostos até suas preferências sexuais.

Quase tudo do mistério da reencarnação nos é desconhecido e ainda não temos o conhecimento necessário para, daqui do pano material, emitirmos um juízo terreno sobre as razões divinas que conduzem nossa evolução através das mais variadas experiências religiosas, raciais e culturais.

O fato concreto e visível é que há uma lógica na nossa evolução.

Espírito de negro incorporando em um corpo de médium branco quebra a espinha dorsal do racismo e da intolerância.

Espírito de índio incorporando em brancos e em negros, todos médiuns umbandistas, funde as três raças "em espírito" e torna aceitável a união em casais e famílias de membros das três raças, dando origem a um novo tronco racial, a uma nova raça!

Para os ingênuos ou os intolerantes racistas (de todas as cores e raças), isto é algo confuso ou afrontoso. Mas, para a sabedoria espiritual é o maior aglutinador de raças e culturas e o melhor anulador de diferenciadores que vêm paralisando a evolução e a conscientização de bilhões de pessoas dominadas pelos nefastos conceitos de pureza racial, religiosa e cultural.

A ninguém ocorreu estudar a Umbanda a partir das razões divinas e espirituais que levaram espíritos altamente evoluídos a se mostrarem na forma plasmática de índios e negros "ignorantes" e atrasados se comparados ao colonizador branco, europeu e "superior".

O negro "atrasado" e escravizado ajudando o atual branco?

O índio que não sabia ler ou escrever e andava nu ou seminu há 500 anos, hoje incorpora e ajuda os descendentes dos brancos que cometeram um verdadeiro genocídio contra seu provo, este sim, o genuíno povo brasileiro?

Que entendam isso como quiserem e escrevam o que bem entenderem os pesquisadores e os sociólogos, pois, enquanto não estudarem o mistério da reencarnação e não perceberem a sabedoria divina e a espiritual por trás da Umbanda, não atinarão com as razões superiores que levaram à criação da mais ecumênica, mais fraterna e mais tolerante das religiões modernas.

Que critique os guias espirituais da Umbanda quem foi modelado pela intolerância religiosa e cultural das outras religiões.

Mas, que todos saibam que todos somos espíritos encarnados e que o branco de hoje pode ter sido o negro ou o índio de ontem... e vice-versa.

Afinal, espírito é o que é: espírito!

Agora, espírito encarando, aí tudo fica confuso e se complica gerando racismo, intolerância, desigualdade, etc.

Que sejam sempre bem-vindos na Umbanda os guias espirituais oriundos de todas as raças, cores, culturas e religiões!

É importante salientarmos a forte influência dos espíritos de indígenas brasileiros na formação das linhas de Caboclos e a imensa colaboração dos espíritos dos negros e dos seus cultos de nação na formação das linhas de Pretos-Velhos, Exus, Erês, Pombagiras e Exu-Mirim.

Isto, logo no início da Umbanda, pois as linhas de Boiadeiros, Marinheiros, Baianos e Ciganos foram sendo incorporadas posteriormente.

Todas essas linhas prestam homenagem a classes de espíritos tenazes, aguerridos, perseverantes naquilo que faziam e acreditavam quando viveram no plano material.

A religião dos indígenas e a dos negros deram suas contribuições à nascente Umbanda, e espíritos ligados a elas ingressaram na nova religião porque sua forma de atuação lhes permitiria auxiliar seus afins encarnados e os que haviam regredido e estavam aprisionados nas faixas vibratórias negativas.

Espíritos já ligados ao ocultismo e iniciados nos mistérios de várias religiões trouxeram seus conhecimentos e o poder individual que já haviam desenvolvido e os colocaram à disposição de todos os frequentadores dos nascentes centros de Umbanda.

Hoje, as palavras preto e negro têm significados bem definidos:
• Preto é uma cor, como o branco, o verde, o amarelo, etc.
• Negro é raça, é etnia, é classificação racial das pessoas.

Mas, um século atrás, não havia essa distinção e os velhos benzedores negros, iniciados nos segredos e mistérios das suas religiões ancestrais, criaram a linha dos Pretos e Pretas Velhas e, incorporados em seus médiuns e tratando todos os consulentes como filhos e filhas (fio e fia, lembram-se?), conquistaram o amor e o respeito de tantos que, sem que ninguém percebesse, amenizaram o forte racismo então existente.

Cada um que era ajudado por um "Preto ou uma Preta-Velha", dali em diante, começava a ver tudo diferente em relação ao racismo e à separação de classes então existentes. Observem que estamos nos referindo ao começo da Umbanda, no início do século XX.

Os Caboclos (índios e mestiços) também conquistaram rapidamente o respeito e a admiração de todos os que se consultavam com eles.

Até então, os índios e os mestiços eram vistos e tratados como pessoas de "segunda categoria", incompetentes ou indolentes, atrasados ou incultos, etc.

Então o consulente diante deles, quando incorporados em seus médiuns, viam-nos assumirem seus problemas; prenderem com seus cipós ou laços os espíritos obsessores; quebrarem temíveis magias, etc. e, imediatamente, começava a admirá-los e a ver os índios de outro modo.

De incultos, atrasados, pagãos, etc., negros e índios começaram a ser vistos como vítimas de um sistema escravagista, colonialista, explorador e acumulador de bens por alguns em detrimento da maioria, pois o "branco" pobre, analfabeto e sem uma boa profissão identificou-se com eles.

Em uma terra onde "em se plantando tudo dá", por que tanta miséria e tanta desigualdade social, cultural, profissional, política e religiosa?

Poucos já atentaram para o imenso serviço prestado pela Umbanda e por seus guias espirituais no arrefecimento do racismo e no desenvolvimento de uma verdadeira fraternidade humana, acima de raças, culturas, religiões e posição social.

No terreiro de Umbanda os guias espirituais são chamados de pais e de mães e os seus frequentadores são chamados de filhos e, ali, sentem-se irmãos, todos filhos de um mesmo e único Deus!

Brancos e negros sentavam-se lado a lado nos bancos de madeira sem se preocuparem com quem estava ao seu lado.

A "patroa", quando precisava, ia consultar o guia espiritual da "empregada", que a ajudava e despertava no inconsciente dela sua condição de espírito imortal, sujeito aos seus erros em outras vidas.

Vítimas e algozes encontravam-se no terreiro de Umbanda e, vigiados e contidos pelos guias, ali acertavam suas contas da melhor forma possível: o perdão!

Tudo isso que comentamos superficialmente não foi feito por espíritos atrasados, pagãos ou ignorantes, mas sim por espíritos altamente evoluídos, ainda que suas evoluções não tenham se processado sob o amparo da "cultura ocidental" ou das religiões do Trono judaico-cristão.

Em um século, a Umbanda silenciosamente já fez mais pela integração racial, cultural e religiosa brasileira do que a maioria dos ativistas nessas áreas.

Mas isso, nem mesmo eles reconhecem, ainda que a maioria deles tenha frequentado ou ainda frequente o terreiro de "macumba", não é mesmo?

Hoje, intelectualizados, negam ou ocultam suas raízes religiosas e preferem apegar-se às raízes étnicas.

Mas isso, até isso, os guias espirituais de Umbanda relevam porque entendem como é o comportamento das pessoas dentro de uma sociedade, cada dia mais preconceituosa, religiosamente falando.

Quando milhares de pessoas travestidas de "sacerdotes salvacionistas" pregam que a "macumba" é coisa do demônio, estão pregando a mesma coisa que o colonizador cristão dizia no passado: "Religião só a nossa porque vocês não têm alma! Vocês são 'pagãos' e estão condenados ao inferno"!

"E, porque vocês são pagãos e não têm alma, são pessoas de segunda categoria"! Ou não é isso que vemos diuturnamente sendo pregado nos púlpitos do gigantesco supermercado religioso aí estabelecido e que já começa a construir imensas "catedrais" para mostrar a todos quem é o "senhor" e quem são os "escravos".

OS NOMES DOS GUIAS DE UMBANDA

Na Umbanda, Caboclo é um grau dado aos espíritos que atuam sob a regência dos Orixás.
Na maioria, apresentam-se na forma plasmática de índios brasileiros e, em menor número, como guerreiros africanos.
Como Caboclo é o grau, há Caboclos de Oxalá, de Ogum, de Oxóssi, de Xangô, etc.
Há Caboclos que atuam na irradiação de um, de dois ou de vários Orixás. Inclusive, há os que atuam sob a irradiação de todos eles.
Os índios brasileiros tinham sua própria religião e muitos deles cantavam para Tupã, Jaci, etc. Mas hoje, seus contos de chamada estão fundamentados nos sagrados Orixás.
Seus nomes variam desde nomes de tribos (Aimoré, Tupinambá, Tupiniquim, Bororó, etc.) até astros (Caboclos Lua, Sol, Estrela). Desde fenômenos climáticos (Raio, Trovão, Ventania) até acidentes geográficos (Cachoeira, Lagoa). Desde rochas (Pedra Branca, Pedra Preta, Pedra Vermelha) até répteis (Caboclo Jiboia, Cobra Coral, Sete Cobras). Desde penas de aves (Pena Branca, Pena Verde, Pena Azul) até nomes de plantas ou árvores (Caboclo Arruda, Girassol, Folha Verde, Mata Virgem, etc.).
Os nomes simbólicos variam e são tantos que é impossível listar todos aqui.
Mas, porque a Umbanda está fundamentada no simbolismo, por trás de cada um dos nomes aqui citados ou não, há um mistério e hierarquias espirituais ligadas a eles como seus manifestadores religiosos e seus ativadores magísticos.

Por trás dos nomes simbólicos estão mistérios e poderes que foram assumidos pela Umbanda como seus fundamentos sagrados. Vamos pegar dois como exemplo e para que possamos explicar o que é um fundamento, senão até os umbandistas não os identificarão:
• Mistério das Sete Pembas Sagradas;
• Mistério das Sete Ervas Sagradas.

O Mistério das Sete Pembas Sagradas, importantíssimo para os guias espirituais de Umbanda porque está ligado ao mistério da escrita simbólica, é regido pelo Orixá Oxalá e por um Orixá feminino cujo nome não nos foi revelado e conta entre os Orixás não nomeados da Teogonia Nagô.

Oxalá e essa mãe Orixá irrevelada regem o mistério da escrita mágica sagrada.

Mas todos os outros Orixás (os conhecidos e nomeados e os desconhecidos e não nomeados) o guardam, servem-se dele e concedem-no aos seus manifestadores espirituais e naturais para que a ele recorram e possam usá-lo magística e religiosamente.

Magisticamente é quando os guias espirituais riscam pontos mágicos usando símbolos e signos mágicos.

Religiosamente é quando os guias espirituais usam os símbolos e signos para cruzarem imagens, pessoas e os próprios centros de Umbanda.

O uso mágico e o religioso às vezes confundem-se porque algumas ações são parecidas, mas têm propósitos diferentes.

Ao cruzar um médium de sua corrente mediúnica, o guia chefe está dando um uso religioso ao Mistério das Sete Pembas Sagradas porque o médium recebe em seu espírito um símbolo (uma marca) permanente que o identificará dali em diante como um iniciado na Umbanda.

Ao cruzar um consulente, aí o uso é mágico, e os símbolos e signos riscados pelo guia em seu corpo serão transitórios, ou seja, assim que recolherem em si as energias, vibrações e imantações negativas eles se recolherão em si e as levarão consigo para o lado natural da criação onde as descarregarão.

Um outro exemplo do uso desse mistério é quando os guias riscam símbolos e signos em uma imagem, cruzando-a para que ela tenha uma finalidade religiosa. Nesse caso é permanente.

Um guia chefe, ao cruzar com as pembas um terreiro de Umbanda, delimitou, marcou e o identificou no astral como um local destinado a práticas de Umbanda, que tanto poderão ser religiosas quanto mágicas.

Por práticas religiosas, entendam que dentro do terreiro a Umbanda será praticada.

Por práticas mágicas, entendam que dentro dele os guias poderão realizar trabalhos magísticos que não ultrapassarão os limites do terreiro "cruzado".

Como a Umbanda é uma religião mágica, magia e religião caminham lado a lado e o leigo ou o umbandista iniciante terão dificuldades em saber quando estão agindo religiosa ou magisticamente. O uso religioso de um mistério cria algo permanente (o terreiro, seus limites, identifica um médium umbandista e quem está zelando por ele).

O uso mágico de um mistério cria algo transitório e que se recolherá assim que realizar sua ação.

Pois bem! O mistério da "Escrita Sagrada Simbólica" e que é regido por Oxalá e uma mãe Orixá não nomeada pode ser usado pelos guias espirituais de Umbanda. Por todos os guias, certo?

Por que por todos?

Porque todos os outros Orixás são os guardiões divinos desse mistério. E porque a Umbanda, em sua codificação divina, incorporou aos seus fundamentos sagrados o Mistério da Escrita Sagrada Simbólica e todos os seus meios para uso religioso e magístico, todo espírito que se consagrar "guia espiritual de Umbanda" poderá recorrer a ele ainda que não o conheça ou nunca tenha recorrido à simbologia antes.

É muito comum um guia espiritual não conhecer o mistério da escrita mágica simbólica, mas riscar alguns pontos-chave (identificadores ou para descarregos).

Às vezes, eles mal conseguem riscar seus pontos, tal como uma pessoa analfabeta mal consegue escrever seu nome.

Mas... se um guia não se iniciou no mistério dos símbolos sagrados, com certeza ele é iniciado em outro(s) e nele ele é um magnífico guardião que, quando o ativa, realiza um trabalho magnífico em benefício dos consulentes.

Guias espirituais iniciados no "Mistério das Sete Águas Sagradas" não trabalham sem um copo de água.

Guias iniciados no Mistério das Sete Chamas não trabalham sem uma vela.

Nos casos dos guias que trabalham com um copo de água ou com velas, eles realizam trabalhos tão bons, benéficos e poderosos quanto os que trabalham com as pembas.

Quem é o melhor? O eletricista, o encanador, o pintor ou o pedreiro?

Para o construtor (os Orixás), os três são importantes porque sem o trabalho deles sua construção não ficará completa.

Qual o guia espiritual mais importante?

Todos são importantíssimos!

Esperamos que tenham compreendido o que é um mistério ou um fundamento sagrado da Umbanda.

Meu irmão, umbandista ou não, você sabe quantos são os mistérios e fundamentos divinos que a Umbanda incorporou às suas bases religiosas e mágicas?

Não sabe?

Pois bem, nós respondemos que a todos ela codificou como suas bases religiosas e mágicas. Mas os seus fundadores espirituais adotaram algumas ressalvas e salvaguardas.

Nas ressalvas, seus fundadores atrelaram todos os mistérios e fundamentos aos sagrados Orixás.

Nas salvaguardas, limitaram o uso e ativação deles segundo um sistema que impede que os aspectos negativos ou a "reatividade" dos mistérios sejam ativados e direcionados pelos guias espirituais e pelos médiuns umbandistas.

Com isso, os guias e os médiuns têm um limitador que os impede de acionarem negativamente algum dos mistérios da criação, tanto religiosa quanto magicamente.

Mistério divino é isso e cada um deles tem os seus fundamentos sagrados.

É por isso que aqui revelamos que os umbandistas devem orgulhar-se de sua religião.

Ela não é superior ou inferior a nenhuma das outras que estão à disposição das pessoas. Mas que, se aprenderem sobre seus mistérios e seus fundamentos, aí terão à mão tantos poderes divinos que jamais os esgotarão em seus trabalhos religiosos, mágicos e espirituais.

Muito bem!

Agora já sabem o "porquê" de afirmarmos que, mesmo que um médium não saiba nada sobre a "Escrita Sagrada Simbólica", se o seu guia espiritual estiver incorporado nele, tudo o que o guia riscar com a pemba funcionará porque ele sim, ou é iniciado ou pode riscar símbolos e signos porque eles se ativarão automaticamente já que, ao se consagrar "Guia Espiritual de Umbanda Sagrada", ele recebe licença para recorrer a qual fundamento religioso ou mágico quiser para realizar seus trabalhos em benefício dos consulentes.

Por isso, usam o nome simbólico da Escrita Sagrada como identificadores. E temos na Umbanda as linhas de Caboclos e Exus Pembas.

• Caboclos Pemba e Sete Pembas
• Exu Pemba e Sete Pembas

Os Caboclos que só são "pemba" podem ser um "pemba branca", um "pemba verde", um "pemba amarela", etc.

Os Caboclos Sete Pembas são iniciados nos mistérios de todas as cores que a Escrita Sagrada pode ter.

Saibam que um símbolo, se riscado com uma pemba verde, realizará seu trabalho numa frequência vibratória e terá a regência de um Orixá. Mas, se riscado com uma pemba amarela, ele realizará seu trabalho em outra frequência e terá a regência de outro Orixá.

Na cor da pemba está o Orixá que rege todos os trabalhos realizados pelos seus manifestadores espirituais, que são os guias de Umbanda Sagrada.

• Verde para Oxóssi
• Amarelo para Yansã.

Logo, um Caboclo Pemba Verde atua sob a irradiação de Oxóssi e um Caboclo Pemba Amarela atua sob a irradiação de Yansã.

Nos simbolizadores estão as identificações. Basta os médiuns umbandistas estudarem os simbolismos de Umbanda Sagrada para começarem a entender os mistérios e fundamentos de sua maravilhosa (e divina) religião, pois, daí em diante, não a trocarão por nenhuma outra, todas muito mais limitadas e mais limitadoras dos seus adeptos.

Observem quantos nomes simbólicos surgiram associados ao recurso umbandista para a ativação no lado material da vida do mistério da escrita simbólica sagrada.

Este mistério é só um dos muitos que estão na base divina de fundamentação da Umbanda. Muitos outros já são conhecidos pelos seus nomes simbólicos.

O Mistério das Sete Pembas Sagradas é um dos meios de ativação da escrita sagrada simbólica.

Outro dos seus meios de ativação é a Magia dos Sete Símbolos Sagrados, sendo que este também forneceu à Umbanda toda uma gama de nomes simbólicos para que os espíritos que se iniciaram como guias espirituais pudessem adotá-los, deixando de se identificarem por seus nomes terrenos ou profanos.

O nome "caboclo" é um grau e, "caboclo pemba" é um nome religioso, iniciático e sagrado que deve ser respeitoso, pois quem se apresenta com ele abdicou do seu livre-arbítrio humano e consagrou-se ao Divino Criador Olorum e aos sagrados Orixás como seus servos e seus instrumentos religiosos e mágicos na religião de Umbanda Sagrada, a religião dos Mistérios de Deus.

Não se admite o desrespeito a um nome sagrado, pois ele é simbólico, é mágico e iniciático, é realizador em si mesmo e é ativador da força e dos poderes dos mistérios do nosso Divino Criador Olorum.

E os mistérios Dele, nós os denominamos por sagrados Orixás, os manifestadores divinos do nosso amado criador e eterno pai Olorum.

Agora, observem o simbolismo que o Mistério das Sete Ervas Sagradas nos fornece.

Folha-verde, folha-seca, sete-folhas, cipó, sete-cipós, toco, quebra-toco, arranca-toco, toquinho, girassol, forquilha, samambaia, arueira, jiboia, sete-galhos, sete-galhadas, raiz, sete-raízes, arruda, guiné, sete-nós, sete-matas, jurema, jureminha, juremeira, etc.,

Temos Caboclos, Pretos-Velhos, Crianças, Exus e Pombagiras que são iniciados no mistério maior das Sete Ervas Sagradas e se "especializaram" nos seus mistérios derivados, que geram outros mistérios, denominados menores.

Sete Ervas Sagradas é o mistério maior.
Sete Rosas é um mistério derivado dele.

Rosa vermelha, rosa negra, rosa amarela, etc., são mistérios menores, regidos pelos Orixás regentes do Mistério das Sete Rosas, que são Orixás guardiões do Mistério das Sete Ervas Sagradas.

Tudo se encadeia e tudo tem fundamentação divina, religiosa e magística dentro da religião de Umbanda Sagrada.

Como o Mistério das Sete Rosas Sagradas é um mistério originalmente feminino, só espíritos femininos apresentam-se com o nome simbólico "rosa".

Há partes masculinas nas ervas e há as femininas.
Há ervas masculinas e há as femininas.

É preciso uma boa gama de conhecimentos iniciáticos para um correto entendimento ou uma correta interpretação dos nomes dos guias espirituais de Umbanda Sagrada.

Mas, ao médium umbandista iniciante ou ao que não teve a oportunidade de adquirir conhecimentos iniciáticos, o que importa é saber que sua religião tem fundamentos divinos e que seus guias espirituais são de Umbanda Sagrada.

Portanto, eles têm à disposição em seus trabalhos de incorporação o poder do Divino Criador Olorum, dos sagrados Orixás e de todos os mistérios divinos nos quais se iniciaram e aos quais se consagraram como seus guardiões espirituais.

Até a palavra guardião merece um capítulo à parte para que não a confundam com seu significado profano.

Afinal, ser guardião de Umbanda Sagrada não é guardar algo profano e sim trazer em seu íntimo a força e o poder mágicos e religiosos dos mistérios de uma religião. É ser um mistério espiritual do nosso Divino Criador Olorum e dos sagrados Orixás.

Guardar e servir, na Umbanda, significa trazer no íntimo um ou mais mistérios da criação e ativá-los quando for necessário auxiliar alguém. Inclusive a si próprio!

Sim, pois, às vezes, os guias espirituais se veem tão assoberbados com as sobrecargas negativas dos seus médiuns ou dos seus consulentes que ou estes lhes oferendam na natureza, ou eles se enfraquecem e sucumbem diante de tantos negativismos desenvolvidos e atraídos por nós, ou ativados contra nós pelos nossos adversários, desafetos e inimigos.

Assumir a condição de guia espiritual de Umbanda Sagrada não é para qualquer espírito. Só os que realmente se sacrificam pelos seus semelhantes aceitam ser iniciados nos mistérios da criação regidos pelos sagrados Orixás.

Critique-os e aos seus nomes simbólicos quem for desrespeitador.
Ame-os e respeite-os quem for sensato e respeitoso.

Mas que ninguém deixe de saber que, fora da caridade espiritual, ninguém chegará ao céu e ninguém realmente terá Deus em seu íntimo.

E caridade espiritual é o que os guias espirituais de Umbanda praticam quando incorporam em seus médiuns e trabalham espiritualmente em benefício dos seus semelhantes.

Esta é a lei de Deus! Esta é a lei de Umbanda: com os mais evoluídos aprenderemos; aos mais atrasados ensinaremos; mas a nenhum e a ninguém renegaremos!

Assim são os guias espirituais de Umbanda Sagrada: se é um guia altamente evoluído ou ainda pouco evoluído, isto não é o mais importante. O que vale é sua vontade de ajudar seus semelhantes com os recursos dos mistérios que guarda em seu íntimo e que manifesta religiosa e magisticamente.

Na Umbanda não há a identificação dos espíritos como doutores, juízes, deputados, delegados, sacerdotes ou generais.

Nela, do menos ao mais evoluído dentro de uma mesma corrente de trabalhos espirituais, todos se apresentam com o mesmo nome.

E, desde o mais evoluído até o menos evoluído, todos são merecedores dos nossos sinceros respeitos, pois abdicaram do livre -arbítrio e assumiram a identidade dos servos de Deus, consagrados religiosa e magisticamente no serviço de caridade espiritual aos seus semelhantes.

Na Umbanda os nomes coletivos fundamentados no simbolismo significam muito mais que um simples nome. Significam um Mistério de Umbanda Sagrada!

Os Guardiões de
Umbanda Sagrada

Na Umbanda, ser um espírito-guia significa ser iniciado em um ou vários mistérios e "guardá-los" em seu íntimo, manifestando-o quando for preciso.

Portanto, se um espírito se apresenta por um nome simbólico, ele é um guardião dos mistérios sagrados.

Na Umbanda, o grau de guardião forma uma hierarquia que começa na sua base com os guias espirituais de 1º grau e termina no seu topo com os de 77º grau.

Desde os iniciantes até os já com 77 graus, todos se apresentam por seus nomes simbólicos e todos são guias espirituais de Umbanda Sagrada.

Na Umbanda, os guias só galgam novos graus se prestarem a caridade espiritual.

Só um guia dando o uso correto e caritativo ao mistério no qual se iniciou e se consagrou ascenderá hierarquicamente.

Essa ascensão hierárquica lhe abre as portas de acesso à iniciação e à consagração em outros mistérios, fato esse que lhes possibilitará aumentar a abrangência de suas ações mágicas e religiosas e poder auxiliar ainda mais.

Um guia de 1º grau deve estar agregado a um de 7º grau. Um de 7º grau deve estar agregado a um do 14º grau, e assim sucessivamente, sempre de sete em sete graus.

Um guia de 1º grau é um espírito iniciado em um único mistério.

Um guia do 7º grau é um espírito iniciado em sete mistérios diferentes. E assim sucessivamente com todos os graus espirituais de Umbanda Sagrada.
- Do 1º ao 6º grau são chamados de guias iniciantes.
- Do 7º ao 13º grau são chamados de guias coroados.
- Do 14º ao 20º grau são chamados de guias instrutores.
- Do 21º ao 27º grau são chamados guias construtores, os que já têm condições de "abrir" um centro de Umbanda no lado material da vida.
- Do 28º ao 34º grau são chamados de guias protetores.
- Do 35º ao 41º grau são chamados de guias amparadores.
- Do 42º ao 48º grau são chamados de espíritos guias guardiões da lei.
- Do 49º ao 55º grau são chamados de espíritos guias mestres da lei.
- Do 56º ao 62º grau são chamados de espíritos mestres instrutores.
- Do 63º ao 69º grau são chamados de espíritos guias guardiões de mistérios.
- Do 70º ao 76º grau são chamados de espíritos guias guardiões da vida.
- Do 77º para frente são chamados de senhores(as) de mistérios, hierarquicamente com o mesmo grau dos Orixás naturais que com eles fazem par, fechando o triângulo da vida deles com os seus outros dois lados: o natural e o divino.

Agora, você que é médium de Umbanda, sabe qual é o grau do humilde e discreto guia que se manifesta incorporado em você?
- Não?
- Ótimo! Porque isso ele não te revelará em hipótese alguma.

Mas, se você for um bom médium, cumpridor dos seus deveres e obrigações mediúnicas, com certeza ele ascenderá mais rapidamente na hierarquia que o rege e, com total certeza, poderá ajudar muito mais por meio da caridade espiritual.

ÍNDIOS (CABOCLOS)

As sociedades tribais existentes no Brasil no ano de 1500, quando Pedro Álvares Cabral aqui desembarcou, já era de muito tempo um sistema de vida compartilhado por milhões de pessoas.

Os valores morais tinham destaque nessa sociedade pré-cabraliana e a figura da família existia entre os brasileiros que aqui viviam.

Eram sociedades fechadas em tribos que viviam em ocas individuais ou em construções maiores, compartilhadas por todos.

Entendemos que se comportavam como os clãs europeus ainda que aqui a figura da posse não existisse.

Tudo era de todos e ninguém era dono de nada. Tudo era compartilhado entre todos!

A posse, a ambição, o acúmulo de bens, a distinção social, os graus hierárquicos de uma escala social, etc., inexistiam. Assim como inexistia o apego a um local, a uma propriedade!

A natureza era a morada de todos e, quando o lugar já não sustentava mais toda a tribo, esta se deslocava para outro, às vezes já ocupado há muitos anos antes, mas que havia sido abandonado para que a natureza em volta se recuperasse.

Era um modo de vida conservado de geração para geração desde séculos incontáveis.

Os espíritos que aqui encarnavam estavam livres da ganância e da ambição existentes em outros povos.

Entre os indígenas brasileiros inexistiam as noções de pecado dos europeus cristãos, dos árabes, dos judeus e mais alguns outros povos, onde o corpo tinha que ser coberto com roupas pesadas por causa das variações climáticas.

Os indígenas viviam nus ou seminus e a nudez não era entendida como pecado ou exibicionismo.

Viviam nus e o corpo alheio não despertava curiosidade ou "desejos condenáveis".

As pessoas eram naturais nos seus comportamentos e o fato de homens e mulheres estarem nus uns na frente dos outros não ativava a libido de ninguém.

Nasciam, cresciam, viviam e morriam nus ou seminus e ponto final.

O elo entre casais fundamentava-se em valores morais próprios dos povos indígenas que aqui viviam.

Quem ficou incomodado com a nudez deles foram os conquistadores europeus, entre os quais a exposição do corpo era um pecado e um ato condenado por leis rigorosas.

A Bíblia criou a sua noção de pecado com Adão e Eva e estigmatizou o sexo como fonte de todos os males que afligem a humanidade.

Entre os índios brasileiros o sexo era para procriação e obtenção de prazer entre marido e esposa.

Havia homens com uma ou mais esposas. E havia mulheres com um ou mais maridos (estes casos mais raros).

A estrutura familiar era muito bem definida, e quando um homem tinha mais de uma esposa, era para não deixarem uma viúva sem um homem para cuidar dela, de suas necessidades íntimas e de sua prole.

Era um sistema, um modo de vida ordenado, pois a viúva, após se unir a um homem já casado, era-lhe fiel e tanto o respeitava que não o traia com outros homens, assim como auxiliava nos deveres doméstico.

A noção de amparo a quem ficava sozinho era geral e nisso não viam pecado ou libertinagem, mas sim, a manutenção do equilíbrio nos relacionamentos humanos.

Essa sociedade humana, incompreendida pelo europeu atormentado pelo "pecado original", e bíblico, era uma utopia que deveria ser condenada e aniquilada da face da Terra, pois constituía uma afronta aos olhos de Deus a existência de um povo pecador e tão feliz!

Às esposas europeias que para cá vieram, ao saberem que quando seus maridos iam às aldeias, também viam nuas as "despudoradas" selvagens, era uma afronta... e mais uma razão para o extermínio dos "pecadores indígenas".

Saber que seus maridos poderiam cometer o pecado com alguma índia mais assanhada enquanto o padre condenava toda libertinagem por parte das mulheres europeias (ainda que hoje tudo esteja distante no tempo), foi um dos fatores que levou o extermínio a um povo tão natural quanto ao sexo.

Índios com o corpo nu diante de suas esposas foi outro fator que levou os europeus a não querê-los por perto, a não ser como escravos já com suas partes pudentas cobertas.

Falta de ambição, desapego à posse da terra e de outros bens, inexistência de noções sobre o tal pecado original de Adão e Eva, uniões e separações de casais a partir de leis que não as "cristãs"!

Eis aí as principais causas do extermínio de milhões de índios brasileiros no decorrer de cinco séculos de existência dessa grande nação, onde o índio pagão não tem lugar no céu dos batizados por um padre.

Mas, se isto é parte da história do Brasil pós-Cabral, a verdade é outra e os índios tanto têm alma como vão, sim, para o céu... ou para as trevas após desencarnarem.

Afinal, Deus, deem-lhe o nome que quiserem, criou tudo e todos e só alguns fanáticos religiosos creem-se os privilegiados por Ele.

E não é a mesma doutrina cristã que prega que serão só os humildes, os virtuosos, os não invejosos, os não ambiciosos, etc., que entrarão nos reinos dos céus?— Jesus Cristo pregou o desapego aos bens terrenos; não condenou o sexo à condição de pecado; não excluiu ninguém e a sua pregação foi muito mais aceita pelos não-judeus que pelos seus próprios irmãos de raça.

E isso é História!

Tudo o que Jesus Cristo pregou e pelo que morreu, porque era verdadeiro e só assim as pessoas alcançariam os reinos dos céus, aqui existia em seu estado mais puro e natural.

As sociedades tribais aqui existentes eram a utopia pregada por Jesus Cristo.

Tudo o que ele pregara, aqui sempre havia existido como um modo de vida e um sistema social estável, onde as leis mantenedoras dele não precisaram ser escritas em extensos códigos de conduta porque elas eram vividas no dia a dia de milhões de índios brasileiros.

Mas, para a hipocrisia moral e religiosa europeia de então (ou será desde sempre?), essa sociedade tribal tão em acordo com a pregação dele deveria ser extinta a ferro (a espada) e a fogo (a bala), pois os índios eram tudo o que, segundo Cristo, eles deveriam ser, mas não eram por causa da ganância, da intolerância, do racismo, da inveja, da ambição e do insaciável desejo de posse de bens e de terras e da hipocrisia quanto ao sexo.

Ao padre cristão não restou outra alternativa a não ser a de assistir o extermínio de todo um povo, pois tudo o que Cristo pregara estava ali, na sua frente, mas não era aceito pelos seus fiéis, conquistadores a ferro e a fogo das terras onde estava sua igreja, cada dia mais rica.

De fato e de verdade?

O fato e a verdade é que para o céu, se crerem realmente em Cristo, foram os índios, pois seus algozes (os brancos europeus e seus filhos brasileiros) só praticaram nessa terra abençoada tudo o que ele condenou.

Por isso e muito mais é que os nossos Caboclos índios se mostram tão belos e tão iluminados quando baixam de vibração e incorporam nos seus médiuns, provavelmente seus algozes em outra vida, aqui mesmo, há alguns séculos atrás.

Que creia no acaso quem quiser, mas que ninguém se engane porque nas coisas divinas o acaso não existe.

De fato, só os espíritos dos índios, desapegados do materialismo cristão, poderiam participar de uma religião que tem entre um dos seus fundamentos a presença majestosa e divina do mestre Jesus, pois este encontrou nos nativos brasileiros seus seguidores naturais.

Os índios (os nossos Caboclos!) são mais cristãos que os falsos prosélitos de Cristo!

Não serão os atuais pregadores cristãos, os neo-salvacionistas, que enviarão para os céus seus seguidores, pois todos são adeptos da nova doutrina cristã, conhecida como teologia da prosperidade.

Os outros nomes da teologia da prosperidade são estes: ambição, usura, mercantilismo religioso, posse, intolerância religiosa e muitos outros.

Então, como o acaso não existe nas coisas divinas, só espíritos com uma noção superior sobre as verdadeiras leis da vida poderiam ser enviados à Terra para, incorporados em seus médiuns, orientar os infelizes encarnados, todos atormentados por uma sociedade que prega a competição em todos os sentidos e aspectos que formam o que chamamos de vida humana.

Só mesmo os nossos índios simples e cultuadores da verdadeira irmandade poderiam pregar o amor entre pessoas mais preocupadas com o sucesso pessoal do que com o bem-estar dos seus semelhantes.

Eles não incorporam nos seus médiuns para tornarem a "servir" aos senhores brancos, como já escreveram alguns estudiosos da Umbanda, e sim o fazem para mostrar a todos que fora da caridade e da fraternidade não há salvação para ninguém.

Ainda que em espírito, que o espírito dos índios viva para sempre em nosso imaginário religioso, pois sem saberem da existência de Jesus Cristo eles já vivenciaram sua pregação, acontecida entre pessoas que, após sua morte, usaram-na para, daí em diante, dominarem a consciência dos seus semelhantes.

E se afirmamos isso não o fazemos por acaso e sim fundamentados no que pregam os neocristãos, todos mais preocupados em prosperar materialmente do que espiritualmente.

Provavelmente, o filho de Deus, o mestre Jesus, estagiou entre os índios brasileiros antes de ir pregar na "Terra Santa" (mas não muito), um modo de vida verdadeiramente cristão.

Observem que, mesmo tendo sofrido um verdadeiro genocídio, não vemos espíritos de indígenas vingando-se ou obsediando pessoas.

A consciência desenvolvida por eles por séculos não comportava a vingança ou a obsessão porque não haviam desenvolvido o sentimento ou o desejo de posse.

Ninguém se sentia dono de ninguém, e após o desencarne se sentiam livres.

Ainda que não tivessem a escrita dos europeus e seus conhecimentos fossem práticos e transmitidos oralmente de geração para geração, tinham noções elevadíssimas de conduta e moral.

Quanto ao caráter, a mentira, a dissimulação e a falsidade não se desenvolveram entre eles.

Podiam ser classificados como ignorantes ou selvagens pelos colonizadores, mas, indubitavelmente, eram espiritualmente superiores a eles.

Por tudo isso (moral, caráter, espiritualização, fraternidade, etc.), a Umbanda tem nos seus Caboclos um dos seus graus mais elevados. E não são poucos os espíritos de outros povos que solicitam ingressar nas correntes espirituais umbandistas como Caboclos índios.

A riqueza de um espírito não se mede pelas suas posses, adquiridas quando viveu no plano material, tampouco por sua erudição ou pelo seu grau na escala hierárquica das sociedades terrenas. Outros são os critérios de avaliação da evolução espiritual de alguém.

À divindade não importa o grau cultural e sim a nobreza dos sentimentos e a firmeza de caráter.

E nesses aspectos, os nossos Pais Caboclos índios eram, são e sempre serão ímpares!

Deem-nos a vossa bênção, amados pais desta terra abençoada onde viemos evoluir com o vosso amparo espiritual.

A bênção, meu Pai Caboclo!

OS PRETOS-VELHOS

São muitas as correntes ou linhas espirituais, de trabalhos práticos, conhecidas pelos nomes dos seus criadores, geralmente espíritos que viveram sob o rigor do cativeiro. Quando encarnados na Terra, pertenceram a diversas etnias ou povos africanos que foram trazidos para o Brasil à força.

Aqui, tiveram que se submeter ao sistema escravagista então existente e adaptaram-se na medida do possível a um modo de vida totalmente diferente do que conheciam.

Sem direitos; escravizados; entregues à sanha dos seus proprietários; humilhados; obrigados a trabalhar "de sol a sol" nas mais variadas atividades, não tiveram uma vida melhor ou pior que os indígenas brasileiros que foram escravizados e obrigados a trabalhar sob a ameaça da chibata e do chicote.

Ou trabalhavam ou eram duramente chicoteados.

Muitos já escreveram sobre a escravidão e o sofrimento de pessoas que antes de serem trazidas para o Brasil eram livres e viviam de um modo muito parecido com o dos indígenas brasileiros.

Viviam em aldeias cujas construções se assemelhavam e também viviam da caça, da pesca e de uma agricultura de subsistência.

Trazidos para cá, deixaram de ter o direito de ter família, qualquer tipo de posse e até foram obrigados a renunciar ou ocultar suas crenças religiosas.

Mas, se tudo era difícil, não perderam a fé e não deixaram de lutar pela vida.

O período escravagista forjou e modelou espíritos fortes, perseverantes, resistentes e exemplares, pois, mesmo não tendo o direito de escolha, ainda assim não se entregaram ao ódio puro.

É certo que muitos, após muito tempo depois do desencarne, ainda vibravam um certo ressentimento contra os senhores de outrora. Mas, na maioria, prevaleceu a nobreza dos espíritos que cresceram com o sofrimento.

Foi essa nobreza, essa capacidade de perdoar seus algozes que distinguiu os espíritos de ex-escravos e proporcionou-lhes um lugar de destaque na nascente religião umbandista.

A Umbanda, mais que qualquer outra, é de fato a religião dos espíritos. De todos os espíritos!

A figura dos velhos "feiticeiros" negros conhecedores de rezas e de encantamentos poderosos, capazes de realizar milagres, foi o arquétipo ideal para atrair para a religião nascente milhares desses espíritos.

No lado material da vida as coisas são como são e não há como antever ou mudar o futuro, ainda desconhecido.

Mas no lado espiritual tudo muda e, a um espírito evoluído, é possível antever os acontecimentos do lado material com muita antecedência.

Além do mais, após o desencarne, cada espírito encontra aquilo que acredita e cultiva com bom senso e sabedoria.

E a liberdade aguardava a todos no pós-morte.

Espíritos de negros, amadurecidos no tempo e na vida do plano material, assumiram o grau de "Pretos-Velhos" e em pouco tempo se tornaram tão amados pelos encarnados (brancos, negros e mestiços) que passaram a receber homenagens de gratidão tão intensas que não há como não nos comovermos com o amor que já receberam nesse primeiro século de existência da Umbanda.

Mais que qualquer outra ação antirracista, a Umbanda com seus "Pretos-Velhos" despertou o respeito e o amor pelos espíritos dos ex-escravos e, no lado material, irmanou no terreiro, brancos, negros e mestiços, todos incorporando seus Pretos e Pretas-Velhas, sempre alegres, risonhos, amorosos e pacientes com seus "filhos" encarnados.

Orientando e ensinando os reais valores da vida de uma forma simples, despertaram a humildade no coração de muita gente.

Humildade e caridade são as características mais marcantes desses espíritos redentores.

Jesus Cristo conquistou o reino dos céus quando perdoou seus algozes.

Os negros escravizados (e os índios) também conquistaram esse mesmo reino quando não levaram para o outro lado da vida nenhum ódio aos seus escravizadores, e sim, um sentimento muito forte de fé e amor por suas divindades africanas, já assentadas ou plantadas em solo brasileiro.

O arquétipo mostrou-se a todos, poderoso e amoroso; o sábio ocultado por trás do jeito simples de falar.

Quem pensou esse arquétipo pouco importa, pois foi de uma sabedoria ímpar e hoje "baixam" nos centros de Umbanda centenas de milhares de espíritos que o assumem para, também eles, se redimirem perante Deus de erros, falhas e pecados do passado. A figura nobre, humilde e carismática do "Preto-Velho" tornou-se imortal, encantou-se e adquiriu vida própria.

O arquétipo do Preto-Velho da Umbanda é tão forte e poderoso que milhões de espíritos evoluidíssimos o adotaram como meio de se mostrarem ou de se apresentarem aos encarnados nos centros de Umbanda e nos centros espíritas, onde também baixam discretamente para fazerem a caridade em nome de Jesus.

As conquistas políticas de igualdade racial são importantes, mas, mais importantes foram as conseguidas pelos Pretos-Velhos por meio do amor e da caridade espiritual, pois estas nasceram da aceitação da presença negra como fator modelador da religiosidade de milhões de espíritos marcados por doutrinas nacionais racistas.

Ou não é verdade que, no final da escravidão, vieram para cá milhões de imigrantes europeus, todos portadores de alguns resquícios nacionalistas e raciais dos seus países de origem? Hoje, ouvimos ou lemos artigos que afirmam que a Umbanda "embranqueceu" ou "branqueou". Isso é geralmente dito ou escrito por pessoas que, quer admitam ou não, guardam ressentimentos contra os "brancos", esquecendo-se de que os milhões de imigrantes se tornaram "brasileiros" em espírito e muitos hoje baixam nos centros de Umbanda como guias espirituais, recobertos e ocultados pelos "arquétipos" dos Pretos-Velhos e dos Caboclos.

A Umbanda não embranqueceu ou enegreceu. Apenas é uma religião dos espíritos, aberta para todos.

Venham para ela quem quiser espiritualizar-se e, se for médium, com certeza incorporará o espírito de um Preto ou de uma Preta-Velha.

A Umbanda não fundamentou suas linhas de trabalhos em espíritos isolados, e sim o fez sobre arquétipos fortes, porque são a essência do que, de melhor, cada povo gerou.

E o Preto-Velho sábio, humilde e caridoso simboliza a raça negra (a mais velha), a sabedoria (a simplicidade dos velhos benzedores); a humildade (aqueles que se submeteram às condições que lhes foram impostas, e delas extraíram sua força) e a caridade (pois, fora da caridade não há salvação).

Zumbi dos Palmares, merecidamente, simboliza o heroísmo e o orgulho de ser negro. Mas, quem conquistou o coração de todos (brancos, amarelos, vermelhos, negros, mestiços ou caboclos), também merecidamente, estes foram os Pretos e Pretas-Velhas!

Nossa reverencia a todos os negros que para cá foram trazidos à força, pois, sem eles, a Umbanda não seria como é: a mais fraterna e ecumênica de todas as religiões.

Nosso respeito a todos os negros, brasileiros ou não.

Nossa gratidão a todos os espíritos que adotaram o arquétipo do amoroso Preto-Velho, sempre a nos ensinar que o perdão é sempre a melhor opção e que a caridade espiritual é o melhor caminho evolutivo.

A bênção meu pai, a bênção minha mãe", a Umbanda vos chamou, na Umbanda nos responderam!

Salve os nossos mais velhos!

AS CRIANÇAS NA UMBANDA

A linha das Crianças, cujos membros baixam nos centros de Umbanda, é de todas a mais misteriosa.

Esses espíritos infantis nos surpreendem pela ternura, inocência, argúcia, carinho e amor que vibram quando baixam em seus médiuns. O arquétipo não foi fornecido pelo lado material da vida, pois uma criança com seus 7, 8 ou 9 anos de idade, por mais inteligente que seja, não está apta intelectualmente a orientar adultos atormentados por profundos desequilíbrios no espírito ou na sua vida material. Quem forneceu o arquétipo foram os seres que denominamos "encantados da natureza".

Não foi baseado em espíritos de crianças que desencarnaram que essa linha foi fundamentada, e sim nas crianças encantadas portadoras naturais de mistérios regidos pelos sagrados Orixás.

O arquétipo fundamentou-se nos espíritos ainda infantis regidos pelas mães Orixás, encantadas da natureza, que os acolhem em seus vastos reinos na natureza em seu lado espiritual e os amparam até que cresçam e alcancem um novo estágio evolutivo, já como espíritos naturais.

Os espíritos que se manifestam na linha das Crianças atendem pessoas e auxiliam-nas com seus passes, seus benzimentos e suas magias elementais, tudo isso feito com alegria e simplicidade enquanto brincam com seus carrinhos, apitos, bonecas e outros brinquedos bem caracterizadores do seu arquétipo.

Ele é tão forte que adultos encarnados sisudos se transfiguram e se tornam irreconhecíveis quando incorporam sua Criança.

A presença desses espíritos infantis é tão marcante que mudam o ambiente em pouco tempo, descontraindo todos que estiverem à volta deles.

Todo arquétipo só é verdadeiro se estiver fundamentado em algo preexistente.

O arquétipo "Caboclo" fundamentou-se no índio brasileiro e no sertanejo mestiço.

O arquétipo "Preto-Velho" fundamentou-se no negro já ancião, rezador, mandingueiro e curador.

O arquétipo "Criança" fundamentou-se na inocência, na franqueza e na ingenuidade dos seres encantados ainda na primeira idade: a infantil.

E, caso não saibam, há dimensões inteiras habitadas só por espíritos nesse estágio evolutivo conhecido, no lado oculto da vida, como "estágio encantado".

Nessas dimensões da vida há eles e suas mães encantadas, todas elas devotadas à educação moral, consciencial e emocional, contendo seus excessos e direcionando-os na senda evolucionista natural, pois eles não serão enviados à dimensão humana para encarnarem.

A elas compete supri-los com o indispensável para que não entrem em depressão e caiam no autismo ou regressão emocional, muito comum nessas dimensões.

Nelas há reinos encantados muito mais belos do que os "contos de fadas" do imaginário popular foi capaz de descrever ou criar.

Cada reino tem uma senhora, uma mãe encantada a regê-lo. E há toda uma hierarquia a auxiliá-la na manutenção do equilíbrio para que os milhares de espíritos infantis sob suas guardas não regridam, e sim, amadureçam lentamente até que possam ser conduzidos ao estágio evolutivo posterior.

O arquétipo é forte e poderoso porque por trás dele estão as mães Orixás, sustentando-o, e também estão os pais Orixás, guardando-o e zelando pela integridade desses espíritos infantis.

A literatura existente sobre esse estágio se restringe a alguns livros de nossa autoria que abordam o estágio encantado da evolução dos espíritos.

Mas que ninguém duvide da existência dele porque ele realmente existe e não seriam "crianças" humanas recém-desencarnadas e que nada sabiam da magia que iriam realizar os prodígios que os "Erês" realizam em benefício dos frequentadores das suas sessões de trabalhos ou com as forças da natureza quando oferendados em jardins, à beira-mar, nas cachoeiras ou em bosques frutíferos.

Há algo muito forte por trás do arquétipo e esse algo são os Orixás encantados, os regentes da evolução dos espíritos ainda na "primeira idade".

Para conhecerem melhor o estágio encantado da evolução, recomendamos a leitura do livro de nossa autoria *A Evolução dos Espíritos*, editado pela Madras.

A LINHA DOS BAIANOS

Existe nos cultos de nação ou Candomblé um culto fechado denominado culto a Egungun.

O culto a Egungun tem poucos adeptos e seu interior não é revelado, pois tudo é secreto, e as proibições, se quebradas, acarretam "quizilas" terríveis aos seus inconfidentes.

Bem, o culto a Egungun é restrito no Brasil a algumas sociedades já antigas e que preservaram o que foi possível do culto que existia na África no tempo em que foram trazidos para cá os seus seguidores.

O culto a Egungun é um ritual mais elaborado do tradicional culto aos ancestrais, praticados por todos os povos em todos os tempos.

O culto aos ancestrais é tão universal que está até na Bíblia judaico-cristã, em que pessoas dotadas de dons mediúnicos são, até hoje, reverenciadas como "profetas", como grandes reis e como grandes líderes.

Na Roma antiga os deuses lares eram os protetores das famílias, que cultuavam seus antepassados e buscavam nos seus membros de maior destaque, mas já falecidos, a inspiração para as mais variadas dificuldades.

Os orientais (chineses, japoneses, etc.) cultuam seus ancestrais e têm ritos específicos para agradá-los, atraí-los e deles haurirem o amparo espiritual.

Enfim, não é algo exclusivo dos cultos a Egungun esse nosso apego aos "mortos".

O espiritismo kardecista está fundamentado no culto aos mortos, pois Jesus Cristo foi um homem que viveu na Terra há dois mil anos. E os espíritos comunicantes já viveram na Terra.

O próprio Cristianismo é um culto aos mortos, pois seu fundador, Jesus Cristo, é um espírito. E o culto aos santos confirma nossas afirmações.

Egun é espírito na língua Yorubá.

Egungun é o conjunto dos ancestrais, e o culto a Egungun é o culto aos espíritos. (Ler: *As Religiões do Rio*, da página 68 a 75).

Pois bem, a Umbanda também não foge à regra de ouro de todas as religiões: cultua Deus e venera seus antepassados ilustres, devotando-lhes respeito e uma reverência religiosa, pois sem a existência do antepassado nós não existiríamos.

O culto aos antepassados é tão forte e tão poderoso que a presença deles na forma de heróis nacionais exaltam o patriotismo que sustenta os brios de uma nação.

Zumbi dos Palmares lutou contra a escravidão e a supremacia dos europeus, atraindo o apoio dos nativos brasileiros em sua luta por liberdade.

Tiradentes nos remete ao exercício do livre-arbítrio, ao direito de os guiarmos!

Dom Pedro I nos trouxe a tão almejada independência.

A princesa Isabel sacramentou o anseio de milhões de brasileiros de verem livres da escravidão os africanos e seus descendentes.

O marechal Hermes da Fonseca sacramentou a República e concedeu a todos o direito de se apresentarem como pretendentes a cargos de direção ou políticos, quebrando a espinha dorsal do regime imperial, no qual todos os cargos eram vitalícios e a hierarquia era estática.

Lampião lutou contra o coronelismo nordestino.

Zé Pelintra foi um grande mestre do catimbó, juremeiro e rezador dos bons!

Enfim, os antepassados são importantes e são nossa memória!

Eis aí o corolário que justifica e fundamenta o arquétipo adotado para a linha dos Baianos da Umbanda: o culto aos antepassados ou a Egungun!

Só que, na Umbanda, os eguns se mostram como lhes foi determinado.

Uns são espíritos de índios. Outros, são espíritos de velhos benzedores negros que misturavam rezas a Jesus Cristo e aos santos com o culto às divindades africanas.

Quanto aos Baianos da Umbanda, o arquétipo é o do tradicional "pai e mãe de santo da Bahia"... mas não só de lá, e sim, de todos os recantos do país.

Afinal, se a Umbanda, assim como o Espiritismo, o Candomblé e todas as outras religiões cultuam seus ancestrais ilustres em todos os campos das atividades humanas, então qual é o problema em se cultuar a figura alegre, curiosa, intrometida e extrovertida dos sacerdotes dos Orixás na Bahia de Todos os Santos?

O arquétipo dos Baianos da Umbanda foi criado justamente em cima daqueles que melhor sustentaram e popularizaram o culto aos Orixás no Brasil.

Esses espíritos já tinham a intimidade com os Orixás, suas magias, suas rezas, suas quizilas, seus feitiços, etc., e foram homenageados com uma linha de trabalhos só para eles, por meio da qual podem auxiliar os encarnados dando continuidade ao que já faziam quando viveram na Terra.

A Umbanda é, tal como o Espiritismo, um culto fundamentado no culto aos antepassados e é um culto a Egungun mais elaborado e totalmente aberto.

O que é oculto são os nomes dos espíritos que incorporam.
• Zé do Coco
• Maria Bonita
• Lampião
• Zé Pelintra
• Corisco
• Zé da Bahia, etc.

São nomes que, na Umbanda, englobam várias correntes espirituais formadas por sacerdotes, mestres e rezadores nordestinos.

Quinhentos anos é muito tempo e no astral cristalizou-se toda uma plêiade de espíritos fortes, aguerridos e capazes de proezas dignas dos grandes heróis nacionais.

Só que, nas linhas de Umbanda, se manifestam os heróis desconhecidos, englobados em arquétipos fortes porque são espíritos que, quando na Terra e encarnados, dedicaram suas vidas no anônimo trabalho de consolar e amparar os aflitos e os desesperançados.

A linha dos Baianos é essa linha: a dos heróis anônimos que sustentaram o culto aos Orixás e os semearam primeiro em solo baiano, e posteriormente no resto do Brasil e, com a Umbanda organizada, os levarão ao mundo.

Com antepassados tão heroicos, essa é a razão de a Umbanda não precisar da Bíblia ou de nenhum outro livro Santo.
Afinal, na Bahia de Todos os Santos, filhos de santo todos somos!
Saravá a Bahia!

Os Boiadeiros

Os espíritos que se manifestam formando a linha dos Caboclos Boiadeiros são aguerridos, valorosos, sisudos, de poucas palavras, mas de muitas ações.

Apresentam-se como espíritos que, quando viveram no plano material, eram tocadores de boiada, pastoreadores, etc.

O laço e o chicote são seus instrumentos mágicos de trabalhos espirituais e só eventualmente usam colares de sementes ou pedras.

Os seus pontos cantados sempre aludem a bois e boiadas, a campos e viagens.

São combativos e muitos, senão todos, entram na "quimbanda" para combaterem e cortarem magias negativas.

Então temos a figura do mítico peão sertanejo, do tocador de gado, como arquétipo para espíritos manifestarem-se e, usando dos seus conhecimentos ocultos, auxiliarem as pessoas nos momentos mais difíceis de suas "travessias" pela evolução na matéria.

O arquétipo é forte, impositivo, vigoroso, valente e destemido, impressionando os desconhecedores dessas nuanças entre as linhas de Umbanda.

Essa descrição acima é a corrente no meio umbandista e não temos muito mais o que ensinar aos nossos médiuns.

Alguns desses espíritos até revelam algumas coisas sobre seu passado e quase todos dizem que já foram Exus, mas que foram elevados e agora incorporam como Caboclos Boiadeiros para continuarem a prestar a caridade e evoluírem ainda mais.

Isto, de fato, é verdade, ainda que mais que isso não revelem.

Outro fato é que existem, no astral, milhões de espíritos que, em suas últimas encarnações, praticamente viveram sobre o lombo dos cavalos.

Eram vaqueiros, domadores de cavalos, soldados de cavalaria, etc., afinal, até um século atrás o cavalo era o meio de transporte mais popular que existia e assim foi por toda a Antiguidade.

Então, espíritos que dedicaram suas vidas à criação e à domesticação desse valoroso animal, um dos mais úteis à humanidade, existem muitos no plano espiritual. E eles guardam em suas memórias imortais recordações preciosas e inesquecíveis do tempo em que foram tratadores e montadores de cavalos.

Mas, se o cavalo é parte inseparável da grande saga humana, na Umbanda "cavalo" tem o mesmo significado que "aparelho" tem no Espiritismo: médiuns!

O médium, quando é incorporado pelo seu guia, muitos deles os chamam de cavalos ou cavalinhos.

Quem começou a chamar seu médium de cavalo, não temos essa informação. Mas que ela se popularizou no passado, isso é inegável.

Em yorubá, *gun* significa "montar" um animal. Também significa "subir em cima de".

Talvez daí advenha o uso da palavra cavalo para justificar a incorporação porque, no passado, os Orixás ou os espíritos "montavam" em seus médiuns.

Bem, cavalo ou aparelho, tanto faz porque o fato é que os guias possuem o corpo dos seus médiuns.

Deixando essas divagações de lado, entremos em um dos mais fechados dos mistérios de Deus e de sua Lei Maior para, aí sim, finalmente comentarmos o Mistério da Linha de Boiadeiros de Umbanda Sagrada.

A Bíblia cita carruagens ou carros de fogo (de luz) puxados por cavalos. Também cita os Cavaleiros do Apocalipse em suas cavalgadas pelo espaço levando o terror aos pecadores.

Outras mitologias religiosas citam seres espirituais que cavalgam pelo espaço infinito. Inclusive, a Mitologia cita as valquírias, que eram (ou são) exímias amazonas sobrenaturais.

A mitologia grega cita Pegasus, o cavalo alado, e cita seres que têm corpo de cavalo e humano.

Outras mitologias citam seres espirituais montados em cavalos.

Bem, separando as descrições míticas, temos de fato espíritos de cavalos que, após desencarnarem, retornam para uma dimensão da vida, que é em si uma realidade de Deus, toda dedicada a abrigá-los. E não só aos que encarnaram porque essa realidade se assemelha a um sonho ou a um conto de fadas. Além de ser uma dimensão quase toda plana, só quebrada por algumas ravinas, colinas, bosques e riachos, ela é infinita em qualquer direção, e é toda verdejante, recoberta por algumas espécies de gramíneas ou capins de baixa estatura.

Nela vivem equinos das mais variadas espécies, cada uma tão bela quanto as outras, e andam em manadas tão grandes que encantam os olhos de quem as vê correndo ao longe.

Ninguém é obrigado a crer no que aqui revelamos, mas essa dimensão realmente existe. Assim como existem os verdadeiros exércitos de espíritos montados em seus garbosos cavalos que, a um comando dos seus montadores, se atiram numa cavalgada pelo espaço.

Briosos e fogosos, esses cavalos obedecem aos seus montadores como se ouvissem o pensamento deles.

Esses exércitos de espíritos montados vigiam, como soldados dedicados, tudo o que acontece nos campos de ação da Lei Maior e sempre estão prontos e alerta para acudirem os necessitados.

Ogum, na Umbanda, difere um pouco de sua descrição no Candomblé porque nela ele foi todo associado à Lei Maior e é "o senhor das demandas".

Ogum corta demandas o tempo todo para os umbandistas.

São pedidos e mais pedidos nesse sentido e ninguém mudará essa imagem, esse arquétipo de Ogum, pois foi para exercê-la que ele foi incorporado à nascente religião umbandista.

Pois bem, a linha de Boiadeiros é sustentada em um dos seus mistérios por Ogum, e a alusão aos cavalos, ao tocar da boiada, ao laçar e trazer de volta o boi desgarrado do rebanho, o atolado na lama, o arrastado pelos temporais, o que se embrenhou nas matas e se perdeu, o que foi atravessar o rio e foi arrastado pela correnteza, etc., tudo tem a ver com o trabalho realizado por esses destemidos espíritos boiadeiros de Umbanda.

E assim sucessivamente com as alusões dos seus pontos cantados, pois as "ventanias", as "poeiras", as "enxurradas" e outros simbolismos indicam os campos de atuação e de ações desses espíritos aguerridos que lidam com "bois desgarrados do grande rebanho".

Cavalos
filhos de fé.

Boi
espírito acomodado.

Boiada
grande grupo de espíritos desgarrados reunidos por eles e reconduzidos lentamente às suas sendas evolucionistas.

Laçar
recolher à força os espíritos rebelados.

Atolado
espíritos que afundaram nos lamaçais e regiões astrais pantanosas.

Açoitados pelos temporais
eguns caídos nos domínios de Yansã e do tempo. Por isso, os "temporais inclementes".

Açoite ou chicote
instrumento mágico de Yansã feito de fios de crina ou de rabo de cavalo.

Laço
instrumento do tempo e tem a ver com as ondas espiraladas de yansã.

Bois afogados em rios
espíritos caídos nas águas profundas das paixões humanas.

Bois arrastados pelas correntezas
espíritos arrastados pelas correntezas turbulentas da vida.

Bois que se embrenharam nas matas e se perderam
espíritos que entraram de forma errada nos domínios de Oxóssi.

Bois atolados em lamaçais
espíritos caídos nos domínios de Nanã Buruquê.

Bois perdidos nos pantanais
espíritos que abandonaram a segurança da razão e se entregaram às incertezas das emoções.

Na Bíblia, o cordeiro simboliza espírito.
Na Umbanda dos Boiadeiros, eles são chamados de bois.

Boiadeiros são espíritos que conduzem de volta às pastagens tranquilas e seguras os "bois" que se "desgarraram" e se desviaram da grande corrente evolucionista humana.

É para buscá-los de volta e reincorporá-los, mesmo que à força (o laço e o chicote), que os Boiadeiros (Caboclos de Ogum ligados ao Tempo) existem.

Eles não são só espíritos de ex-vaqueiros ou ex-peões. Eles são grandes resgatadores de espíritos rebelados contra a Lei Maior porque não aceitam os "cabrestos" ou as "peias" criadas por ela para educar os "cavalos e bois" chucros e arredios, difíceis de serem domados e domesticados.

O simbolismo por alusão é tão associado à lida com o gado e com suas dificuldades que, ou o interpretamos corretamente ou muitos desavisados ficarão com a impressão de que eles são só espíritos de ex-peões tocadores de gado do plano material.

- Ogum é o senhor das demandas.
- Yansã é a senhora dos Eguns (espíritos).
- Logunan é a senhora do Tempo cronológico.

No tempo, em que tudo acontece (a evolução), esses Caboclos de Ogum demandam com as forças das trevas pela libertação e reerguimento consciencial dos espíritos amparados pela nossa divina mãe Yansã.

Também, a linha de Boiadeiros é uma linha transitória criada por Ogum e outros Orixás para que todos os Exus de Umbanda, assim que evoluam, possam galgar um novo grau de trabalhos espirituais, no qual deixam de ter que atender a todos os pedidos, não importando se são justos ou injustos, se são bons ou ruins, pois Exu é neutro e assume a polaridade de seu ativador.

Todo espírito que atua como Exu de Umbanda, ao conquistar o grau de Boiadeiro, recupera o seu livre-arbítrio e já não é obrigado a responder às invocações com fins negativos.

Após conquistar o grau de Boiadeiro, o espírito deixa de ser conduzido pelos "bois" e torna-se um tocador de "gado".

Jetuá, Boiadeiro!

Os Marinheiros

Na Umbanda, em paralelo à linha dos Baianos e dos Boiadeiros, foi criada a linha dos Marinheiros, que são espíritos que em suas últimas encarnações viveram do mar, pelo mar e para o mar.

Alguns navegaram e outros submergiram nas suas águas profundas. Outros foram arrastados para dentro dele pelas ondas e outros foram arrastados pelas fortes correntes marinhas, deslocando-os de uma região para outra.

Tal como incontáveis milhões de espíritos viveram montados no lombo de cavalos e foram tocadores de gado, incontáveis milhões de espíritos viveram dentro de embarcações e foram marinheiros.

Por "Marinheiros de Umbanda" entendam marinheiros (soldados da marinha), navegadores, oficiais, pescadores, povos ribeirinhos ligados à pesca, ex-piratas saqueadores, etc., todos ligados às linhas d'água.

Se uns "caminharam sobre as águas", outros afundaram nelas com navio e tudo mais.

Os Marinheiros de Umbanda formam uma linha de "povos da água", ou seja, regidos por Yemanjá e as outras mães d'água: Nanã, Oxum, Obá, etc.

Mas Yemanjá, senhora do lado de cima da "calunga grande" ou do mar, é quem mais se destaca.

Omolu, senhor da "calunga pequena", a terra, rege o lado de baixo, sustentador do eterno vai-e-vem das águas.

Os espíritos que ampararam a vida com os recursos do mar (das águas), Yemanjá recompensa com o direito de continuarem a navegar com "bom tempo" em seus mares.

Já aos que se serviram dos mares para alimentarem seus instintos, aí a solução só é encontrada mais "embaixo", nos domínios de Omolu, Orixá regente dos mistérios da morte.

Os Marinheiros de Umbanda Sagrada estão submetidos a esses dois polos regentes da linha da geração, regida por Yemanjá e por Omolu, pela água e pela terra.

Portanto, agora vocês sabem quem são os Orixás regentes da linha dos Marinheiros, que também estão sujeitos aos tufões (Yansã), aos ciclones (Logunan), às rochas (Xangô), às calmarias (Oxalá), às tempestades (Yansã), aos raios (Xangô), aos bancos de areia (Omolu), aos arrecifes de corais (Obá), aos sargaços (Oxóssi), às correntes marinhas (Ogum), etc.

Ser Marinheiro de Umbanda é auxiliar pessoas e espíritos necessitados com os recursos dos mistérios das águas.

Ex-comandantes de navios, ex-capitães do mar, ex-soldados de marinha, ex-bucaneiros, ex-piratas, ex-pescadores, ex-navegantes e todos os eternos amantes do mar e dos seus mistérios.

Ao se manifestarem, incorporados em seus médiuns, esses espíritos se movimentam e "dançam" como se estivessem se equilibrando sobre o tombadilho de um navio ou barco em alto mar.

Na verdade, por estarem manifestando-se sob a irradiação de Yemanjá, o magnetismo dela faz com que tenham esses movimentos das ondas do mar.

Cada elemento (terra, água, ar e fogo) tem o seu magnetismo e as irradiações nas quais os espíritos se manifestam têm magnetismo idêntico.

Observem as manifestações "aquáticas" das Caboclas de Oxum, de Nanã e de Yemanjá, e entenderão suas danças como movimento dos espíritos dentro do campo magnético das divindades.

Assim é com todas as linhas de Umbanda e não seria diferente com os Marinheiros de Umbanda.

Quanto à necessidade de beberem rum ou alguma outra bebida com alto teor alcoólico enquanto estão incorporados, é porque, caso contrário, seus magnetismos absorvem muito do "álcool" do corpo do médium.

Há uma queima de energia por nosso organismo e o "álcool" produzido pelos amidos sustenta essa queima.

Os Marinheiros

Agora, quando espíritos regidos por magnetismo densos (água, terra, fogo) incorporam, eles precisam ingerir alguma bebida alcoólica senão paralisam o organismo do médium em algumas de suas funções.

O uso dessas bebidas dá fluidez e volatilidade às vibrações dos espíritos, expandindo seus campos magnéticos e possibilitando-lhes a estabilização e o equilíbrio nas incorporações.

Mas o consumo deve ser controlado, senão tudo foge do controle e...

Exus, cujo magnetismo é superdenso, só bebendo um pouco de pinga para conseguirem ficar de pé e descontraírem-se.

Marinheiros, só bebendo um pouco de rum ou de pinga para conseguirem estabilidade e poderem equilibrar-se nas incorporações.

Nós sabemos que a ingestão de bebidas com alto teor alcoólico "sobe" à cabeça e a pessoa caminha trôpega como se o solo estivesse instável.

Com os Marinheiros acontece o contrário: vivem na irradiação aquática do mar e, quando incorporam, parece-lhes que é o solo que está se movendo.

Daí, com funções inversas, é o álcool que lhes dá estabilidade e equilíbrio, senão não conseguem ficar parados e dar o atendimento às pessoas.

O álcool tira o equilíbrio de uma pessoa, mas, assim como o veneno de cobra é o único antídoto contra picadas de cobras, com os Marinheiros, a ingestão de bebida alcoólica lhes dá estabilidade.

Tudo é uma questão de conhecermos as coisas (causas e efeitos, ações e reações).

Agora, quando se reúnem numa mesma manifestação um médium apreciador de bebidas "fortes" e um espírito que em sua última encarnação era um beberrão, aí o barco vira mesmo!

Saravá, Marinheiros!

As Sereias

Entre as várias linhas de Umbanda, temos na linha do povo do mar: as Sereias.
Essas entidades espirituais, quando incorporam, não costumam falar. Emitem um som que imita um canto, mas é um mantra repetido o tempo todo.
Quem as viu, descreveu-as tal como nos mitos sobre as sereias gregas: metade mulher, metade peixe!
Têm os cabelos longos e a parte mulher é belíssima.
Esses espíritos "metá-metá" que vivem no mar são tão intrigantes que, ou acreditamos no mito das sereias ou ficamos sem explicá-los.
Mas a espiritualidade superior explica-nos esse mistério desta forma: na criação divina há tantas formas de vida que não devemos nos surpreender com nenhuma delas e sim entendê-las.
Há na criação dimensões da vida que são, em si, realidades plenas e destinadas a formas de vida específicas.
Também há dimensões que não têm início ou fim, pois são infinitas e totalmente aquáticas.
São oceanos, só oceanos, tal como os conhecemos aqui na Terra, e dentro deles há tanta vida quanto Deus a criou.
A evolução ensina-nos que, para caminhar sobre a terra, temos que ter pernas e que, para viver na água, se deve ter nadadeiras.
Espíritos que sempre viveram e evoluíram dentro da água também receberam de Deus tudo de que precisavam para se adaptar ao meio destinado a eles.
A metade humana indica que são espíritos.

A metade peixe indica que se adaptaram ao meio durante suas evoluções.

São seres "encantados" da natureza aquática e também estão evoluindo!

São como Deus quis que fossem, e ponto final.

Essas Sereias, como tudo mais nos mares, são regidas por Yemanjá e a têm na conta de mãe divina de todas.

Elas a servem com dedicação e amor e gostam de nós porque, após concluírem o estágio encantado da evolução, irão para o estágio natural onde, como a borboleta que sai do seu casulo, também deixarão de ter o corpo de peixe, da cintura para baixo, e terão daí em diante um corpo feminino igual ao dos espíritos humanos.

Na evolução tudo é transitório e basta conhecermos essa transição para não nos surpreendermos com nada.

Essas sereias não são como as lendas, que as descrevem como seres que atraem os pescadores e os arrastam para o fundo do mar, sumindo com eles.

Isso é lenda criada pelo imaginário popular, em colônias de pescadores que, por não terem como explicar o desaparecimento deles, atribuíram às sereias tal coisa.

São só seres da natureza aquática, mas em seu lado espiritual, pois no lado material são só lendas porque não pertencem a ele.

Esses espíritos híbridos são possuidores de formidáveis poderes que, se colocados em nosso auxílio, muito nos ajudam.

Como o arquétipo já existia em função dos mitos e das lendas sobre elas e das visões desses seres encantados, então não foi surpresa elas se manifestarem quando se canta para Yemanjá.

Tanto que, na Umbanda, Yemanjá é tida como a mãe-sereia, a mãe das peixes, diferenciando-a de forma acentuada da Yemojá Nigeriana, que não conhecia o mar, pois aquele país não faz limite com ele.

Na Nigéria, Yemojá é associada às águas doces e há até um rio com o seu nome.

O que todos precisam entender é que os Orixás foram reinterpretados e adaptados à Umbanda e à nossa cultura ocidental (greco-romana).

Na Umbanda, Yemanjá é a dona do mar e tem sua hierarquia de auxiliares, que são os Exus, Pombagiras e Exus-Mirins do mar; que são os Marinheiros, os Caboclos e as Caboclas do mar.

E há as Sereias, que são seres encantados que, se incorporarem em suas médiuns, umas ficam sentadas como que de lado e outras ficam em pé.

As que ficam sentadas movem o tronco e os braços como se estivessem nadando e se banhando nas ondas.

As que ficam em pé, tal como os marinheiros, movem-se com passos de dança e fazem uma linda coreografia mágico-religiosa, pois, nos seus movimentos, vão recolhendo todas as cargas energéticas negativas dos seus médiuns e da assistência dos centros.

Muitos autores umbandistas já as descreveram como higienizadoras e isso é correto, pois têm um poder de limpeza e purificação inigualável pelas outras linhas de Umbanda.

O arquétipo é poderoso porque tem por trás os Orixás femininos das águas, as forças primordiais da criação.

No estágio encantado são sereias. Mas, quando alcançam o estágio natural, passam a ser denominadas ninfas.

As ninfas são uma transição para um estágio posterior quando tornam a encantar-se e transformam-se em Yemanjás, Oxuns e Nanãs da natureza.

Elas, ao reencantarem-se e tornarem-se Orixás da natureza, adquirem o direito de manifestarem-se já como mães-Orixás em seus médiuns, aos quais amparam e conduzem em suas evoluções.

Que o arquétipo é poderoso, não tenham dúvidas.

Que traz em si um imensurável poder de realização, colocado à disposição de todos, isto é certo.

Salve as Sereias!
Salve nossa mãe Yemanjá!

Os Exus da Umbanda

Abordar os Exus na Umbanda é algo delicado porque, no inconsciente de muitos, eles personificam algo negativo e terrível.

Na África, Exu é um Orixá e seu culto difere muito da forma como são entendidos e tratados os que aqui incorporam em seus médiuns e dão passes e consultas.

Lá, Exu é o mensageiro que leva os pedidos das pessoas até os outros Orixás e traz as respostas.

Ele sempre é o primeiro a ser servido e a ser despachado, levando embora todos os problemas e perturbações.

É respeitado como um Orixá, nunca como um espírito.

Ele tem sua forma de ser cultuado e oferendado e tem seus sacerdotes, seu Omo-Exu (filhos de Exu) que o tem em grande estima e o trata com o mesmo respeito que dedica a todos os outros Orixás.

Quanto à Umbanda, não há culto aos Orixás sem a presença de Exu. Mas ele, diferentemente da África, aqui recebeu uma linha à "esquerda" por meio da qual os espíritos manifestadores dos seus mistérios podem incorporar em seus médiuns e consultar as pessoas, auxiliando-as nas suas necessidades e dificuldades materiais ou espirituais.

Exu, na Umbanda, é uma linha de trabalhos espirituais que se assenta e atua à esquerda dos seus médiuns.

Eles precisam ser oferendados nos seus campos de ação, tais como: nas matas, nos rios, nas lagoas, à beira-mar, nos cemitérios, nos caminhos, nas encruzilhadas, nas pedreiras, etc.

Os seus nomes simbólicos indicam seus campos de ações e onde devem ser oferendados.

Quando incorporam, são alegres, falantes, galhofeiros, sarcásticos, irônicos e até meio chulos. Tudo isso faz parte do arquétipo marcante que assumiram na Umbanda.

Sempre estão dispostos a ajudar quem os procura e, no mínimo, esperam ser presenteados com uma oferenda simbólica (marafo, charutos e velas pretas) e, no máximo, receber um ebó completo.

Seus nomes variam desde nomes dados a pessoas (João Caveira) até nomes indígenas (marabá, jiboia, arranca-tocos, marambaia, cipó, folha seca, etc.).

Todos são espíritos que já viveram na Terra, têm sua história e se tornaram Exus a duras penas, pois é sob a irradiação do Orixá Exu que estão evoluindo e servindo à Lei Maior.

São amigos dos seus amigos e sempre estão dispostos a ajudar os necessitados.

Gostam de beber o marafo e de fumar um bom charuto, além de serem servidos com uma saborosa e apimentada farofa com carnes ou miúdos de frango.

São espíritos bem terra e atuam com grande poder de realização nos casos de demandas ou magias negativas, de relacionamentos e profissionais.

Entendendo-os, com eles não temos problemas ou dificuldades de convívio.

Cada médium tem um Exu guardião e um Exu de trabalho.

O Exu guardião é ligado ao Orixá do médium e o Exu de trabalhos espirituais é ligado ao guia chefe ou ao mentor dos seus trabalhos.

Tudo é uma questão de entendimento e de bom senso, pois médiuns mal orientados ou mal doutrinados dão vazão aos seus recalques ou sentimentos íntimos negativos, e aí o seu Exu torna-se grosseiro, chulo, desrespeitoso.

Já com médiuns bem doutrinados e preparados, Exu não deixa de ser o que é, mas o é de uma forma agradável e respeitosa.

Para que entendam como é o Exu de Umbanda, adiante damos uma descrição da sua origem e importância com uma abordagem bem humorada e um tanto crítica sobre os novos Exus... de Umbanda.

Os Novos Exus de Umbanda

Exu, o Orixá, é um poder e é em si um mistério do nosso Divino Criador, Olorum.

Seu mito está muito bem descrito na mitologia Nagô e lá ele é cultuado em separado, como cada um dos outros Orixás.

Suas lendas descrevem-no como mensageiro dos outros Orixás, sendo que é pela boca dele que todos falam.

Além dessa sua atribuição, ele é o primeiro que deve ser oferendado para que todos os espíritos perturbados sejam afastados.

Muitos o descrevem como o primeiro Orixá a ser criado por Olorum, fato esse que o torna o primogênito na Teogonia Nagô.

Seu culto está associado à procriação e seu símbolo mais ostensivo é um cetro fálico. Inclusive, em alguns dos seus assentamentos, esse símbolo o identifica de imediato.

Umas das razões de ele ser o primeiro a ser oferendado é encontrada no livro *Lendas da Criação* (de nossa autoria), no qual está muito bem descrito que, antes de algo existir no exterior de Olorum, só existia o vazio à volta de sua morada interior. E Exu é o Orixá regente do vazio.

Então, como só existia o vazio e era nele que tudo seria construído, qualquer coisa só pode ser construída com a anuência de Exu.

Os Orixás concordaram em dar a primazia e a primogenitura a ele, senão nada construiriam.

Quem foi o primeiro Orixá a ser criado, não importa, porque todos são atemporais e preexistiam em Olorum.

Mas, o vazio é anterior a tudo e Oxalá só pôde criar o espaço com a concordância de Exu, pois ele foi criado justamente em cima dos domínios de Exu.

Só após a criação do espaço por Oxalá, em cima do vazio de Exu, é que tudo pôde ser criado, inclusive a humanidade. E justamente por essa primazia é que Exu deve ser o primeiro a ser oferendado.

Outro dos mistérios do Orixá Exu rege sobre a reprodução e refere-se ao órgão genital masculino e sobre o vigor sexual.

Mas esse e alguns outros mistérios regidos por Exu não prosperaram em nossa cultura judaico-cristã que associa o sexo ao pecado original e estigmatiza qualquer alusão nesse sentido à ação do diabo.

Como quem vence e quem manda é a maioria, o melhor a ser feito com Exu era o que já haviam feito com os indígenas: cobri-lo com uma capa, vesti-lo com um calção qualquer e ocultar tão acintosa ascendência dele sobre os seres humanos, que procriam justamente com o auxílio do dito cujo, ostentado por esse enigmático Orixá em seu cetro fálico.

Colocaram na mão esquerda dele um novo símbolo: o tridente de Netuno, estigmatizado pelos cristãos novos como símbolo do maligno.

Outro dos mistérios de Exu são as cabaças, que simbolizam o útero e o poder procriador feminino.

Também ali vemos Exu atuando como mistério. Mas, se ele rege o mistério da sexualidade masculina, da feminina ele é o guardião.

Exu, de fato e de direito, é o guardião da sexualidade em seu aspecto feminino e sua ascendência é inegável.

É certo que outros Orixás regem ou guardam partes do mistério maior da procriação.

Bom, deixando de lado assuntos tão delicados, o fato é que Exu é Orixá, ou seja, é um dos mistérios da criação.

E como mistério maior, tem seus mistérios derivados e estes têm os seus mistérios menores.

Exu é o poder cósmico que rege o vazio e tem suas hierarquias de seres divinos espalhados por toda a criação, influindo sobre tudo e todos.

Os seres Exu de natureza divina têm suas hierarquias de seres Exu naturais e estes têm suas hierarquias de seres espirituais exunizados.

Esses espíritos exunizados são espíritos que desenvolveram no íntimo uma afinidade com o mistério Exu e nele se iniciaram, tornando-se seus manifestadores espirituais ou foram espíritos tragados pelo vazio quando perderam o direito à plenitude de Oxalá.

Na plenitude de Oxalá, o senhor do espaço, somos plenos em nosso íntimo.

No vazio de Exu, o senhor do vazio, sentimos-nos esvaziados em nosso íntimo.

Duas coisas opostas: plenitude e vazio.

Dois Orixás que formam um par oposto-complementar.

Isso explica também a lenda que obrigou Exu a viver no lado de fora da casa de Oxalá.

Afinal, se Exu entrava na casa de Oxalá, com ele entrava o vazio e a plenitude desaparecia.

O jeito foi fazerem um acordo que valeu para tudo e todos: onde Oxalá está dentro, Exu está fora. E onde Oxalá está fora, Exu está dentro.

Com isso acertado entre eles, daí em diante tudo ficou mais definido na criação. Se bem que, assim que esse acordo se tornou lei na criação, a casa de Oxalá (o espaço) ficou meio vazia e a casa de Exu (o vazio) ficou bem cheia, de tantos espíritos vazios que foram arrastados para ela de uma só vez.

Mas isso faz parte do acordo e a cada um segundo seu merecimento: ao vazio o vazio e ao pleno a plenitude.

E isto é lei na criação.

Como o acordo virou lei e é imutável, Exu viu-se às voltas com tantos espíritos vazios que o único jeito foi ele exunizá-los e espalhá-los pela criação, senão sua genitora, a Senhora dos Mistérios do Vazio, acabaria expulsando-o dele, cada vez mais cheio de espíritos vazios.

Segundo Exu-Mirim, que foi deixado de fora desse acordo por Exu, este se ferrou pois, sem que percebesse, finalmente permitiu a separação do joio e do trigo, dos bons e dos maus elementos, que era o maior desejo dos outros Orixás.

A exunização dos espíritos vazios de bons sentimentos resolveu parcialmente o problema de Exu com tanta gente vazia, pois, ao exunizá-los, dava-lhes um passe para voltarem a circular pelos lados plenos da criação, desde que se mantivessem à esquerda dos seres plenos.

Alguns Orixás, que também aprovaram o acordo em um primeiro momento, já não têm certeza que tenha sido um bom acordo, pois, se antes havia só espíritos vazios de bons sentimentos, algum tempo depois eles voltaram à tona dos acontecimentos, ainda sem os mesmos, mas plenos em algum dos muitos mistérios de Exu.

E esses espíritos exunizados, quando da criação das linhas de Umbanda, foram logo exigindo tudo o que era direito adquirido pelo regente deles, o Orixá Exu:
• A primazia nas oferendas.
• O primeiro a ser firmado ou assentado.
• Um assentamento exclusivo no lado de fora dos terreiros.
• O direito de arrastarem para seus domínios todos os espíritos que se assemelhassem com eles.
• O direito de exunizarem e de agregarem às suas legiões todos os espíritos vazios de bons sentimentos.
• E etc., etc. e etc.

Se isso foi bom no início para as linhas de Exus de Umbanda, hoje é um problema tão grande que, não raro, os novos Exus passam a perna nos mais velhos e, rapidinho, tomam-lhes os seus lugares juntos dos médiuns.

Por isso, é muito comum, entre os médiuns de Umbanda, os verdadeiros Exus deles só aparecerem depois de muito tempo. Às vezes, eles demoram tanto tempo para afastarem esses Exus mais novos, mas muito afoitos, que, quando finalmente aparecem, muitos duvidam que, de fato, sejam seu Exu guardião e, na dúvida, preferem despachá-lo ou descarregá-lo com pólvora, piorando ainda mais as dificuldades deles em manterem-se à esquerda dos seus médiuns.

Segundo algumas fontes bem informadas, para cada espírito que se oguniza e deixa de incomodar o senhor das demandas, cem outros espíritos vazios se exunizam e voltam à tona, criando tantas encrencas para o espírito ogunizado que uma das primeiras tarefas dele é combater as ações e concertar as encrencas causadas por esses novos Exus.

Não sabemos se isso sempre foi assim, mas o que os guias de direita da Umbanda fazem é combater as ações e consertar nas pessoas os estragos feitos por esses novos Exus, que, se receberem apenas uma vela preta, um charuto e um copo de marafo no lado de fora da casa de um médium, já tomam conta do lado exterior da vida dele, já colocam seus auxiliares em volta de sua casa e já estabelecem ali um perímetro o qual, se alguém ou algum outro Exu invadir, corre o risco fatal de ser engolido pelo campo protetor criado por eles e ser enviado de volta ao vazio.

Os Exus mais velhos ficam revoltados com essa afoiteza dos novos Exus, pois eles são adeptos ferrenhos da antiquíssima tradição Nagô de só assentá-los após sete anos e isso com pompas e circunstâncias, legítimas e análogas às dos senhores Orixás da direita.

Os novos Exus, criados com a Umbanda, também não adotaram os tradicionais e majestosos nomes yorubanos e, por serem brasileiros e só falarem a língua portuguesa, preferiram nomes simbólicos e de fácil memorização, até por pessoas analfabetas.

Também, por causa dessa desproporção entre a ogunização e a exunização de espíritos, é muito comum um Ogum ter que cuidar de vários médiuns ao mesmo tempo e os seus médiuns terem que cuidar de vários Exus.

Esses novos Exus de Umbanda estão tomando conta de todo o território brasileiro e até nas mais tradicionais e conservadoras casas de culto de nação, eles já estão se assentando porque os umbandistas que se transferem para o Candomblé os leva, juntamente com seus guias da direita.

Os Exus tradicionais e muito mais velhos veem nisso uma heresia, pois eles só revelam algo se for por meio do jogo de búzios e se forem devidamente oferendados ou servidos.

Já os novos Exus de Umbanda vão logo revelando tudo pelo boca dos seus médiuns e isto sem pedirem nada em troca ou, quando muito, pedem uma garrafa de marafo, um charuto e umas velas pretas.

Os Exus antigos, estes tinham que ser oferendados antes (e ainda é assim na tradição antiga), enquanto os novos Exus de Umbanda ajudam para depois serem oferendados, isto quando são, certo? Só falta criar o ebó à prestação! E tudo para servir os frequentadores dos centros de Umbanda.

Algumas coisas, com esses novos Exus brasileiros, está mudando à esquerda dos Orixás.

Tronqueiras sem trono; sem ferramentas e otás adequados; sem batizado com sacrifício de, pelo menos, um galo; feitas embaixo de escadas, em garagens, dentro de caixas de medidor d'água, embaixo das caixas de luz, dentro de caixas de madeira, etc., assim são esses novos e prestativos valorosos e aguerridos Exus de Umbanda.

Só não vê que algo mudou quem não quiser porque, heresia das heresias, os Exus de Umbanda não só não são temidos, e sim são considerados amigos, protetores, guardiões e até há médiuns que os chamam de "meu pai".

Isso, para os Exus tradicionais dos cultos de nação, é o fim da linha... dos Exus.

Mas os novos Exus não estão nem aí com essas reclamações e já estão até aceitando oferenda de ex-pais e ex-mães de encosto que se "evangelizaram", mas não se esqueceram de como eles são prestativos e bons de serviço, até para afastarem a concorrência dentro das igrejas por causa do grande número de *ex* que para lá se transferiram por causa da farta e carente clientela, já acostumada a pagar sem reclamar.

Essa sim é a clientela perfeita para todos os que estavam com problemas financeiros por causa da gratuidade dos serviços prestados na Umbanda... até pelos Exus!

Observações bem humoradas e verdadeiras à parte, o fato é que, na Umbanda, Exu é um grau para espíritos exunizados e que, só por meio do trabalho assistencial caritativo recuperarão o livre-arbítrio e o grau que já tiveram à "direita".

Eles trabalham e, com o tempo, muitos ganham dos Orixás a oportunidade de passar para a direita e manifestar-se em alguma das linhas transitórias de Umbanda Sagrada.

POMBAGIRA DA UMBANDA

Na Umbanda, a entidade espiritual que se manifesta incorporada em suas médiuns está fundamentada em um arquétipo desenvolvido a partir da entidade Bombogira, originária do culto Angola.

Nos cultos tradicionais oriundos da Nigéria, não havia a entidade Pombagira ou um Orixá que a fundamentasse.

Mas, quando da vinda dos nigerianos para o Brasil (isto por volta de 1800), aqui se encontram com outros povos e culturas religiosas e assimilam a poderosa Bombogira angolana que, muito rapidamente, conquistou o respeito dos adoradores dos Orixás.

Com o passar do tempo, a formosa e provocativa Bombogira conquistou um grau análogo ao de Exu e muitos passaram a chamá-la de Exu Feminino ou de mulher dele.

Mas ela, marota e astuta como só ela é, foi logo dizendo que era mulher de sete Exus, um para cada dia da semana, e, com isso, garantiu sua condição de superioridade e de independência.

Na verdade, em um tempo em que as mulheres eram tratadas como inferiores aos homens e eram vítimas de maus-tratos por parte dos seus companheiros, que só as queriam para lavar, passar, cozinhar e cuidar dos filhos, eis que uma entidade feminina baixava e extravasava o 'eu interior' feminino reprimido à força e dava vazão à sensualidade e à feminilidade subjugadoras do machismo, até dos mais inveterados machistas.

Pombagira foi logo no início de sua incorporação dizendo ao que viera e construiu um arquétipo forte, poderoso e subjugador do machismo ostentado por Exu e por todos os homens vaidosos de sua força e poder sobre as mulheres.

Pombagira construiu o arquétipo da mulher livre das convenções sociais, liberal e liberada, exibicionista e provocante, insinuante e desbocada, sensual e libidinosa, quebrando todas as convenções que ensinavam que todos os espíritos tinham que ser certinhos e incorporar de forma sisuda, respeitável e aceitável pelas pessoas e por membros de uma sociedade repressora da feminilidade.

Ela foi logo apresentando-se como a "moça" da rua, apreciadora de um bom *champagne* e de uma saborosa cigarrilha, de batom e de lenços vermelhos provocantes.

"O batom realça os meus lábios, o rouge e os pós ressaltam minha condição de mulher livre e liberada de convenções sociais."

Escrachada e provocativa, ela mexeu com o imaginário popular e muitos a associaram à mulher da rua, à rameira oferecida, e ela não só não foi contra essa associação como até confirmou: "É isso mesmo"!

E todos se quedaram diante dela, de sua beleza, feminilidade e liberalidade, e como que encantados por sua força, conseguiram abrir-lhe o íntimo e confessarem-lhe que eram infelizes porque não tinham coragem de ser como elas.

Aí punham para fora seus recalques, suas frustrações, suas mágoas, tristezas e ressentimentos com os do sexo oposto.

E a todos ela ouviu com compreensão e a ninguém negou seus conselhos e sua ajuda em um campo que domina como ninguém mais é capaz.

Sua desenvoltura e seu poder fascinam até os mais introvertidos que, diante dela, se abrem e confessam suas necessidades.

Quem não iria admirar e amar arquétipo tão humano e tão liberalizado de sentimentos reprimidos à custa de muito sofrimento? Pombagira é isso. É um dos mistérios do nosso divino criador que rege a sexualidade feminina. Critiquem-na os que se sentirem ofendidos com seu poderoso charme e poder de fascinação.

Amem-na e respeitem-na os que entendem que o arquétipo é liberador da feminilidade tão reprimida na nossa sociedade patriarcal, em que a mulher é vista e tida para a cama e a mesa.

Mas ela foi logo dizendo: "Cama, só para o meu deleite, e mesa, só se for regada a muito *champagne* e dos bons"!

Com isso feito, críticas contrárias à parte, o fato é que o arquétipo se impôs e muita gente já foi auxiliada pelas "Moças da Rua", as companheiras de Exu.

A espiritualidade superior que arquitetou a Umbanda sinalizou a todos que não estava fechada para ninguém e que, tal como Cristo havia feito, também acolheria a mulher infiel, mal amada, frustrada e decepcionada com o sexo oposto, e não encobriria com uma suposta religiosidade a hipocrisia das pessoas que, "por baixo dos panos", gostam mesmo é de tudo o que a Pombagira representa com seu poderoso arquétipo.

Aos hipócritas e aos falsos puritanos, Pombagira mostra que, no íntimo, ela é a mulher de seus sonhos... ou pesadelos, provocando-o e desmascarando seu falso moralismo, seu pudor e seu constrangimento diante de algo que o assusta e o ameaça em sua posição de dominador.

Esse arquétipo forte e poderoso já pôs por terra muito falso moralismo, libertando muitas pessoas que, se Freud tivesse conhecido, não teria sido tão atormentado com suas descobertas sobre a personalidade oculta dos seres humanos.

Mas para azar dele e sorte nossa, a Umbanda tem nas suas Pombagiras ótimas psicólogas que, logo de cara, vão dando o diagnóstico e receitando os procedimentos para a cura das repressões e depressões íntimas.

Afinal, quando se trata de coisas íntimas e de intimidades, nesse campo ela é mestra e tem muito a nos ensinar.

Seus nomes, quando se apresentam, são simbólicos ou alusivos:
• Pombagira das Sete Encruzilhadas;
• Pombagira das Sete Praias;
• Pombagira das Sete Coroas;
• Pombagira das Sete Saias;
• Pombagira Dama da Noite;
• Pombagira Maria Molambo;
• Pombagira Maria Padilha;
• Pombagira das Almas;
• Pombagira dos Sete Véus;
• Pombagira Cigana; etc.

O simbolismo é típico da Umbanda, pois na África ele não existia e o seu arquétipo anterior era o de uma entidade feminina que iludia as pessoas e as levava à perdição. Já na Umbanda, é o espírito que "baixa" em seu médium e, entre um gole de *champagne* e uma baforada de cigarrilha, orienta e ajuda a todos os que o respeitam e o amam, confiando-lhe seus segredos e suas necessidades. São ótimas psicólogas. E que psicólogas! Salve as Moças da Rua!

EXU-MIRIM NA UMBANDA

Até aqui, vocês já viram que as linhas da "esquerda" da Umbanda têm Exu e Pombagira.

Mas há uma terceira entidade que forma o triângulo de forças à esquerda da Umbanda, e esta é denominada Exu-Mirim.

Os Exus-Mirins, que se manifestam incorporados em seus médiuns, correspondem aos espíritos crianças da direita, criando a bipolarização horizontal e, tal como é difícil comentar os seres encantados na sua primeira idade, muito mais é comentar a presença dos espíritos de "meninos maus" que se apresentam com nomes em tudo igual aos dos Exus, só que no diminutivo.

- Exu Brasa — Exu-Mirim Brasinha
- Exu Porteira — Exu-Mirim Porteirinha
- Exu do Toco — Exu-Mirim Toquinho
- Exu Calunga — Exu-Mirim Calunguinha, etc.

Esses e outros nomes simbólicos criam as hipóteses: ou são Exus ainda em idade infantil ou são filhos dos Exus já nossos conhecidos.

- Caveira — Caveirinha
- Morcego — Morceguinho
- Sete Garfos — Sete Garfinhos
- Sete Garras — Sete Garrafinhas
- Sete Chifres — Sete Chifrinhos
- Pimenta — Pimentinha
- Sete Coroas — Sete Coroinhas, etc.

Esses e muitos outros nomes não deixam dúvidas de que há uma correspondência direta entre os Exus "adultos" e seus pares infantis.

Até agora, em um século de existência da Umbanda, não houve ninguém que nos explicasse corretamente esse mistério e muitos, por não terem como explicá-lo, optaram por classificá-los como espíritos de meninos maus, ou abandonados ou delinquentes, etc.

Tal como muitos, por não conhecerem os mistérios dos Exus e das Pombagiras, lhes atribuíram as condições de espíritos de ex-bandidos e ex-prostitutas, a figura do "menino de rua", maltrapilho, carente e viciado em cheirar cola de sapateiro, abandonado nas ruas das grandes cidades, forneceu ao Exu-Mirim um esfarrapado arquétipo que, em vez de justificar tão poderosa entidade, denegriu a Umbanda como religião.

Lamentavelmente, a Umbanda já vem pagando um preço muito alto por falta de uma genuína fundamentação dos mistérios que nela se manifestam por meio dos arquétipos e do simbolismo.

Eu, pai Rubens, sou um inconformado com esse estado de coisas, pois, mesmo tendo recebido toda uma gama de revelações sobre os "fundamentos da Umbanda" e de vir colocando-os a público por meio de cursos e de livros, não tenho conseguido sensibilizar meus pares, mais velhos ou mais novos, da importância de uma fundamentação uniforme de tudo o que se refere à Umbanda para, daí em diante, todos falarem uma mesma "língua" ao comentarem-na e aos seus ritos de uma forma aceitável, compreensível, lógica e sustentável, não nos constrangendo e não deixando margens a dúvidas ou questionamentos irrespondíveis.

Para mim, uma religião tem que ser algo completo, intocável e inquestionável, porque só assim os seus seguidores se sentirão seguros e muito bem amparados quando confrontados por questionamentos conscienciais.

E Exu-Mirim, assim como Exu e Pombagira, gera questionamentos conscienciais, tais como:

— Como é que você acende uma vela para Deus e outra para o diabo?

Ou não é verdade que a maioria dos umbandistas acredita que Exu é o diabo cristão?

— Como é que você aceita em sua religião uma entidade que tanto faz o bem quanto o mal?

Ou não é verdade que há muitos umbandistas que recorrem aos aspectos negativos dos mistérios da esquerda para atingirem quem antagonizar-se com eles?

— Como vocês aceitam a manifestação de espíritos que fumam e bebem, falam palavras chulas, etc.?

Muitos são os questionamentos conscienciais que ficam sem respostas por causa da falta de esclarecimentos fundamentados com conhecimento de causa.

A Umbanda, em sua fundamentação divina, buscou e incorporou vários mistérios e abriu-lhes a possibilidade de incorporação aos seres espirituais iniciados neles e que os manifestam.

Exu-Mirim é um desses fundamentos umbandistas e não será negando-o que tudo ficará melhor.

Afinal, dizer isto: "No meu centro não baixam Exu, Exu-Mirim e Pombagira. Lá, só Caboclos, Pretos-Velhos e Crianças!", não resolve os questionamentos conscienciais.

É preciso ensinar os fundamentos (os porquês) e tudo será justificado.

Então, agora conheçam alguns dos fundamentos do mistério Exu-Mirim, e temos certeza de que, daqui em diante, ninguém que conhecê-los renegará esse arquétipo, tão controverso e tão fascinante.

O Mistério Exu-Mirim

A criação divina é infinita em todos os sentidos, inclusive nas funções divinas exercidas pelos seres.

Uma planta tem sua função e, se sua espécie for extinta, fará falta ao seu meio e a alguma espécie de vida.

Uma espécie de inseto tem a sua função na natureza e sua extinção causará algum tipo de desequilíbrio.

Assim é com tudo e com todos.

Deus não criou nada ou ninguém que não tivesse sua função na criação e, em equilíbrio no exercício dela, ninguém ou coisa alguma deixa de ser justificada.

Agora, em virtude de nossa ignorância sobre os desígnios divinos e o destino de cada coisa ou ser, ficamos elocubrando sobre o porquê de algumas, que nos parecem nocivas ou desnecessárias para existirem.

Nossa ignorância impede-nos de atinarmos com as razões divinas sustentadoras da existência das coisas e dos seres, e nós, limitados ao nosso entendimento, apoiamos ou condenamos as criações de Deus em vez de aceitá-las e extrair delas o melhor proveito possível.

A Umbanda procurou esta via: conhecer o que existe e extrair de cada criação o melhor que ela tiver a oferecer-nos.

Com o mistério Exu-Mirim não procedeu de forma diferente.
Comentemos Exu-Mirim:
Muitas são as raças ou etnias aqui no plano material e elas guardam uma correspondência com o que preexiste em outras dimensões da vida.

Aqui, no plano material, já foram encontrados seres pertencentes a uma raça denominada "pigmeus", que são pessoas de menor estatura, e a ciência da época não soube explicar sua origem nem o porquê de eles serem daquele tamanho.

Essa raça de pigmeus está fundamentada em uma dimensão da vida em que todos os seres são de menor tamanho.

Eles são como são, e ponto final! Envelhecem, sim! E há alguns tão velhos que parecem ter mil anos de vida, ainda que sejam espíritos. Mas, basta um de nós, espíritos humanos, assumi-los como nossos protegidos que no mesmo instante passam por um processo de rejuvenescimento e, em poucos minutos, se mostram aos nossos olhos como jovens na segunda infância.

Só que as suas aparências físicas não se assemelham à nossa, e sim, parecem-se com seres da natureza de contos de fadas. Possuem orelhas que se destacam do todo, que são suas cabeças. São alegres se ligados a um ser espiritual e são irritadíssimos e irritantes se não tiverem conseguido ligar-se a ninguém, nem a outros seres espíritos naturais.

Com a idade avançada, tornam-se calados, cabisbaixos e tristonhos, pois se sentem fracassados.

Quando ligados a algum ser espiritual, são tão prestativos que até se tornam irritantes, de tanto que querem ajudá-lo, e intrometem-se em tudo o que vamos fazer, dando palpite até sobre o que não entendem.

Enfim, são como são, pois foi para ser como são que Deus os criou com essa natureza!

Nós, os espíritos humanos, estamos ligados mentalmente à nossa esquerda a um Exu-Mirim por um cordão energético invisível aos nossos olhos materiais, mas não à visão superior do espírito.

Também estamos ligados a outras espécies de seres encantados e naturais, assim como a espécies de animais, aves, répteis, plantas, etc.

Com dada dimensão da vida temos uma ligação mental que, se em equilíbrio, só nos beneficia e, se em desequilíbrio, nos prejudica.

Exu-Mirim à esquerda e os Erês à direita, se em equilíbrio conosco, fazem com que sejamos alegres, dispostos, de bom humor, falantes e sonhadores.

Já quando em desequilíbrio com um dos dois ou com ambos, tudo se complica e tornamo-nos taciturnos, melancólicos, irritados, cabisbaixos, isolacionistas, sem iniciativas e sem criatividade.

Enfim, sentimo-nos velhos e já sem ânimo para mais nada, só fazendo alguma coisa por causa do nosso instinto de sobrevivência.

Também, em desequilíbrio com essas duas espécies de seres, alguns negativismos afloram, tais como: avareza, mesquinhez, egoísmo, irritabilidades à flor da pele, incapacidade de raciocinar coisas novas, intolerância com crianças, etc.

Essas nossas ligações mentais com outras espécies visam a nos manter em equilíbrio com toda a criação, pois no corpo de Deus somos só uma "célula", uma consciência e nada mais.

O desequilíbrio com os seres encantados da direita, englobados no arquétipo Erês, gera uma série de transformações conscienciais e comportamentais.

O desequilíbrio com os seres encantados da esquerda englobados no arquétipo Exu-Mirim gera uma alteração comportamental e consciencial de caráter, de humor e emocional tão intensa que a pessoa começa a regredir e fecha-se em si mesma.

Como as ligações existem e não podem ser rompidas, e porque os seres encantados são portadores de poderes excepcionais que, se doutrinados de forma correta, muito nos auxiliam, então a Umbanda optou por incorporá-los à direita (os Erês) e à esquerda (os Exus e as Pombagiras-Mirins).

A Umbanda só adotou arquétipos que preexistem em outras dimensões da vida e estão fundamentados em "raças espirituais" ou em mistérios religiosos.

Os Caboclos estão fundamentados no mistério guardião.

Os Pretos-Velhos estão fundamentados no mistério ancião.

Os Erês estão fundamentados nos seres encantados das dimensões da vida à nossa direita.

Os Exus estão fundamentados no Orixá Exu.

As Pombagiras estão fundamentadas no mistério do Orixá cujo nome yorubano não foi revelado, mas que rege os desejos.

Os Exus-Mirins estão fundamentados nos mistérios de um Orixá cujo nome não foi revelado, mas que rege os instintos "infantis".

Exu-Mirim e Pombagira-Mirim não são filhos de Exu e de Pombagira, e sim, arquétipos adotados pela Umbanda para englobar numa só linha de trabalhos espirituais todos os seres encantados das dimensões da vida à nossa esquerda, pois estão ligados a nós por condões energéticos mentais e, ou nos reequilibramos com eles ou somos afetados de forma tão acentuada que o melhor a fazer é termos um analista, um psicólogo, um psiquiatra e um neurologista à mão, porque, com certeza, iremos precisar do auxílio de algum deles.

Certos desvios de personalidade tratados pelas ciências médicas, certas alterações de humor, certos comportamentos antissociais, certos fanatismos, etc., têm a ver com desequilíbrios existentes com os seres na outra ponta das nossas ligações mentais, espirituais e conscienciais.

Antes de condenarem essas ligações, procurem estudar e entender os arquétipos adotados pela Umbanda e, com certeza, não só não os condenarão como, aí sim, verão a sabedoria divina por trás deles e como vossa religião é, de fato, um grande pronto-socorro espiritual colocado à disposição da humanidade.

Já dizia o velho Preto-Velho:
"Umbanda tem fundamento, Mi Zin Fio!
É preciso procurá"!

COMENTÁRIO FINAL

Com esses comentários sobre os arquétipos da Umbanda, fundamentados em mistérios, esperamos ter contribuído para o esclarecimento sobre o porquê das manifestações serem como são.

Elas são os indicadores do que é de Umbanda e o que não é.

Caboclos, Pretos-Velhos, Crianças, Baianos, Boiadeiros, Marinheiros e Sereias à direita formam sete linhas de trabalhos espirituais genuinamente umbandistas.

Surgiram com a Umbanda e com ela popularizaram-se à medida que a Umbanda foi crescendo e tornando-se de fato e de direito uma religião genuinamente brasileira, pois o que temos foi pensado de uma forma arquetípica tão forte que, posteriormente, surgiram os Candomblés de caboclos e o Umbandomblé.

O Candomblé de caboclos foi uma criação de ex-umbandistas que, transferindo-se para ele, levaram também seus caboclos.

O Umbandomblé já é formado por ex-umbandistas que fizeram a "cabeça" no Candomblé mas não abandonaram as práticas de incorporação da nossa Umbanda.

Muitos nos questionam se isso é certo ou não.

Limitamo-nos a responder que, da mesma forma que a Umbanda se serviu do que preexistia para construir seus ritos, todos têm o direito de se servir do que ela e nela se criou para elaborar seus cultos.

O ser humano tem dificuldade em entender que as divindades estão acima do nosso mundo terreno, não são propriedades de ninguém e adaptam-se a muitos ritos e religiões, desde que não alterem suas funções na criação.

Nós podemos mudar de religião quando bem entendermos ou quando for necessário, mas não admitimos que a mesma divindade esteja presente ou seja cultuada de duas formas diferentes.

O mesmo Jesus que está presente na Igreja Católica Apostólica Romana, está na Igreja Ortodoxa Grega; está no Protestantismo; está no Neo-Pentecostalismo; está no Espiritismo e está na Umbanda, sincretizado com Oxalá.

O mesmo aconteceu com o Buda.

E o mesmo aconteceu com os Orixás.

Resta-nos entender que, em religião, é assim mesmo e o que vale são os valores morais e religiosos de cada uma, pois a todas elas as divindades se adaptam com facilidade.

O mesmo já está acontecendo com os arquétipos criados pela Umbanda, pois nossos guias não nos pertencem, e sim, pertencem à humanidade.

Portanto, esses arquétipos distribuídos em gigantescas correntes socorristas espirituais são a contribuição religiosa da Umbanda e serão seu legado às gerações e religiões do futuro.

Hoje, os nossos guias espirituais já são aceitos em muitos centros espíritas, em muitos centros de Candomblé, na Fraternidade Branca, na Apometria, no Xamanismo, etc.

Isso não aconteceu por acaso, e sim, deve-se ao trabalho espiritual e humanístico realizado por milhares (ou milhões) de espíritos anônimos e que só se identificam por seus nomes simbólicos.

Quatro religiões contribuíram para que a Umbanda se formasse:
• O Espiritismo
• O Cristianismo
• Os cultos de nação africanos
• Os cultos indígenas brasileiros.

No retorno, a Umbanda retribuiu-lhes com suas correntes espirituais auxiliando os seus seguidores quando estes precisaram.

Umbandistas, sintam-se orgulhosos de sua religião, porque suas práticas espirituais e religiosas são muito bem fundamentadas nos mistérios maiores da criação.

Não aceite críticas vilipendiadoras dos seus guias espirituais, mas não se descuide deixando que pessoas despreparadas, incorporadas por espíritos que não fazem parte dos seus arquétipos, usem o nome da Umbanda de forma indevida ou errônea.

Comentário Final

A Umbanda não é uma salada mista espiritual, e sim, é uma religião que pensou e concretizou-se em arquétipos fortes e muito bem definidos.

Afinal, baianos estão desencarnando a todo instante. Mas nem todos eles se tornam "Baianos" de Umbanda Sagrada.

Boiadeiros, peões tocadores de gado ou pastoreadores estão desencarnando Brasil adentro. Mas, para ser um Boiadeiro de Umbanda Sagrada, é preciso saber um pouco mais que tocar bois.

Muitos índios estão dentro da Umbanda, mas nem todos os Caboclos de Umbanda Sagrada vieram dos povos indígenas brasileiros.

Orgulhe-se umbandista!

Afinal, se a sua religião não fosse como é, certamente você não teria se iniciado nela.

Leitura Recomendada

Orixá Exu
Fundamentação do Mistério Exu na Umbanda
Rubens Saraceni
O que a maioria das pessoas sabe, até mesmo os médiuns de Umbanda, é que Exu é guardião das "Porteiras" dos terreiros, cuida dos caminhos de muita gente, auxilia muitos que buscam sua ajuda e é temido por outros. O que poucos sabem é que Exu também é um Orixá na Umbanda e rege um mistério impressionante.

Tratado Geral de Umbanda
As Chaves Interpretativas Teológicas
Rubens Saraceni
Com o intuito de harmonizar as terminologias, os rituais e a própria linguagem entre os umbandistas, surge o Tratado Geral de Umbanda, que expõe de maneira didática os fundamentos dessa religião centenária.

Orixá Pombagira
Fundamentação do Mistério na Umbanda
Rubens Saraceni
Mais um mistério é desvendado: o da Pombagira, Orixá feminino cultuado na Umbanda. Por muitos anos, ela foi estigmatizada sob o arquétipo da "moça da rua", o que gerou vários equívocos e, por que não dizer, muita confusão, pois diversas pessoas já recorreram a ela para resolver questões do amor, ou melhor, para fazer "amarrações amorosas" à custa de qualquer sacrifício.

Orixá Exu Mirim
Fundamentação do Mistério na Umbanda
Rubens Saraceni
Com o advento do centenário da Umbanda, nada mais pertinente do que explanar sobre um dos Orixás mais controversos da religião: Exu Mirim. A falta de obras do gênero levou Rubens Saraceni a escrever Orixá Exu Mirim — Fundamentação do Mistério na Umbanda.

www.madras.com.br

MADRAS® Editora

CADASTRO/MALA DIRETA

Envie este cadastro preenchido e passará a receber informações dos nossos lançamentos, nas áreas que determinar.

Nome _____
RG _____ CPF _____
Endereço Residencial _____
Bairro _____ Cidade _____ Estado _____
CEP _____ Fone _____
E-mail _____
Sexo ❏ Fem. ❏ Masc.   Nascimento _____
Profissão _____ Escolaridade (Nível/Curso) _____

Você compra livros:
❏ livrarias   ❏ feiras   ❏ telefone   ❏ Sedex livro (reembolso postal mais rápido)
❏ outros: _____

Quais os tipos de literatura que você lê:
❏ Jurídicos   ❏ Pedagogia   ❏ Business   ❏ Romances/espíritas
❏ Esoterismo   ❏ Psicologia ❏ Saúde   ❏ Espíritas/doutrinas
❏ Bruxaria   ❏ Autoajuda   ❏ Maçonaria ❏ Outros:

Qual a sua opinião a respeito dessa obra? _____
_____

Indique amigos que gostariam de receber MALA DIRETA:
Nome _____
Endereço Residencial _____
Bairro _____ Cidade _____ CEP _____

Nome do livro adquirido: *Arquétipos de Umbanda*

Para receber catálogos, lista de preços e outras informações, escreva para:

MADRAS EDITORA LTDA.
Rua Paulo Gonçalves, 88 – Santana – 02403-020 – São Paulo/SP
Caixa Postal 12183 – CEP 02013-970 – SP
Tel.: (11) 2281-5555 – Fax.:(11) 2959-3090
www.madras.com.br

MADRAS® Editora

Para mais informações sobre a Madras Editora,
sua história no mercado editorial
e seu catálogo de títulos publicados:

Entre e cadastre-se no site:

www.madras.com.br

Para mensagens, parcerias, sugestões e dúvidas, mande-nos um e-mail:

marketing@madras.com.br

SAIBA MAIS

Saiba mais sobre nossos lançamentos,
autores e eventos seguindo-nos no facebook e twitter:

@madrased

/madraseditora